Veronika Pichl

ALL IN ONE UND ONE POT mit dem Thermomix® für Kinder

50 leckere, schnelle und günstige Gerichte

Tragen Sie sich jetzt unter **www.thermomix-fans.de** für unseren Newsletter ein und erhalten Sie zu neuen Veröffentlichungen Leseproben und kostenlose Rezepte!

riva

Bibliografische Information der Deutschen Nationalbibliothek
Die Deutsche Nationalbibliothek verzeichnet diese Publikation in der Deutschen Nationalbibliografie. Detaillierte bibliografische Daten sind im Internet über http://d-nb.de abrufbar.

Für Fragen und Anregungen
info@rivaverlag.de

Wichtige Hinweise
Sämtliche Inhalte dieses Buches wurden – auf Basis von Quellen, die die Autorin und der Verlag für vertrauenswürdig erachten – nach bestem Wissen und Gewissen recherchiert und sorgfältig geprüft. Alle Rezepte in diesem Buch wurden für den Thermomix® TM5 entwickelt und mit diesem getestet. Bitte beachten Sie: Der Mixtopf des Thermomix® TM5 ist größer als der des TM31 (Kapazität von 2,2 Litern anstatt 2,0 Liter beim TM 31). Daher dürfen aus Sicherheitsgründen die Rezepte aus diesem Buch nur dann mit dem TM31 nachgekocht werden, wenn die Mengen angepasst wurden. Achten Sie auf die Füllstandsmarkierungen und überschreiten Sie die maximale Füllmenge nicht. Der Verlag und die Autorin haften für keine nachteiligen Auswirkungen, die in einem direkten oder indirekten Zusammenhang mit den Informationen stehen, die in diesem Buch enthalten sind.

Ausschließlich zum Zweck der besseren Lesbarkeit wurde auf eine genderspezifische Schreibweise sowie eine Mehrfachbezeichnung verzichtet. Alle personenbezogenen Bezeichnungen sind somit geschlechtsneutral zu verstehen.

Originalausgabe
5. Auflage 2023

Türkenstraße 89
80799 München
Tel.: 089 651285-0
Fax: 089 652096

Redaktion: Ulrike Reinen
Umschlaggestaltung: Manuela Amode
Umschlagabbildungen: shutterstock.com/Kiian Oksana, p.studio66, Shebeko, Emad Omar Farouk
Satz: inpunkt[w]o, Haiger (www.inpunktwo.de)
Druck: Florjancic Tisk d.o.o., Slowenien
Printed in the EU

ISBN Print 978-3-7423-0956-3
ISBN E-Book (PDF) 978-3-7453-0584-5
ISBN E-Book (EPUB, Mobi) 978-3-7453-0585-2

Weitere Informationen zum Verlag finden Sie unter

www.rivaverlag.de

Beachten Sie auch unsere weiteren Verlage unter www.m-vg.de

Inhalt

Alles aus dem Thermomix®: One-Pot- und All-in-One-Küche für die ganze Familie

Kochen für kleine und größere Kinder kann eine echte Herausforderung sein – das gilt zumindest dann, wenn es am Ende allen schmecken und bestenfalls auch noch gesund und ausgewogen sein soll. Ein stressiger Alltag, berufliche Verpflichtungen und das ganz normale Haushaltschaos machen es oft gar nicht so leicht, genügend Zeit zum bewussten Kochen freizuschaufeln. Und wenn es dann doch einmal klappt, ist meist viel Überredungskunst gefragt, um den kleinsten Familienmitgliedern auch oft unbeliebte Zutaten wie Spinat, Brokkoli und Co. schmackhaft zu machen.

Wie praktisch wäre es da, gesunde und ausgewogene Gerichte so zubereiten zu können, dass sie auch wählerischen Kids schmecken und es hinterher außerdem nur ganz wenig Abwasch gäbe. Aber wie soll das funktionieren?

Ganz einfach: Zum Glück gibt es einen leistungsstarken und vielseitigen Helfer, der uns dabei unterstützt, gesunde und ausgewogene Gerichte schnell und einfach zuzubereiten: den Thermomix®!

Der smarte Küchenhelfer ist nämlich nicht nur dazu geeignet, uns zahllose Küchenhandgriffe abzunehmen. Neben Zerkleinern, Rühren und Kneten gehören nämlich auch Kochen, Dämpfen und Dünsten zum Repertoire des Alleskönners. So kann uns der Thermomix® dabei helfen, Küchenchaos und Aufräumaufwand zu minimieren – und nicht nur das. Wir haben unsere Familienrezepte so konzipiert, dass sie sich allein mit dem Thermomix® in Mixtopf und/oder Varoma zubereiten lassen!

Mit ein bisschen Kreativität lassen sich leckere One-Pot- und All-in-One-Gerichte zaubern, und das ganz ohne den zusätzlichen Einsatz von Backofen oder Herd.

Mithilfe von einfachen Zutaten, die auch Kindern schmecken, entstehen so gesunde und günstige Mahlzeiten aus dem Thermomix®. Wie das funktioniert, welche Rezepte auch bei den Kleinsten richtig gut ankommen und wie sich durch das Planen von Mahlzeiten außerdem auch noch Geld sparen lässt, erklärt dieses Buch.

Mehr als nur Eintopf

»One Pot« ist vielen bereits ein Begriff. Zum einen kennen wir alle die leckeren Eintopfgerichte, die schon bei unseren Großeltern aus Kartoffeln, Linsen und Co. auf den Tisch kamen. Zum anderen revolutionierte aber auch Moderatorin und Superhausfrau Martha Stewart die Kochwelt, als sie ein One-Pot-Gericht erfand, das gerade *kein* Eintopf war. Statt einer deftig-sättigenden Suppe entstand bei Martha Stewart nämlich zum ersten Mal ein Pastagericht in einem einzigen Topf. Die Idee der Moderatorin war dabei so simpel wie genial: Warum für ein einziges Pastagericht mehrere Töpfe benutzen, wenn sich Nudeln und Sauce auch einfach gemeinsam im selben Gefäß zubereiten lassen? Schließlich können so diverse Arbeitsschritte eingespart werden und gleichzeitig entsteht auch noch ein aromatisches Gericht.

Einfach, aber genial – entsprechend schnell verbreitete sich auch Martha Stewarts Idee der »One Pot Pasta« unter Profi- und Hobbyköchen, und mittlerweile sind unzählige Abwandlungen, Erweiterungen sowie viele neue Gerichte entstanden, die auf dem gleichen Prinzip beruhen: Leckere frische Zutaten werden in einem einzigen Topf, in einer einzigen Pfanne oder auf einem Backblech in gesunde Gerichte verwandelt. Schließlich lässt sich so jede Menge Zeit sparen und unnötiges Küchenchaos reduzieren. Klar, dass diese Rezepte insbesondere für Familien, die Wert auf eine frische und gesunde Ernährung legen, interessant sind. Schließlich geht das Kochen so fast genauso schnell wie die Zubereitung eines Fertiggerichts – nur das Ergebnis ist viel leckerer und gesünder.

Abwechslungsreiche Gerichte lassen sich hervorragend in nur einem Topf zubereiten. Der Thermomix® muss dabei aber keineswegs zum Statisten degradiert werden: Er hilft uns nämlich nicht nur beim Zerkleinern oder Rühren der Zutaten – auch die komplette Zubereitung des One-Pot-Gerichts kann vom Thermomix® übernommen werden, sodass der Herd und zusätzliches Kochgeschirr überflüssig werden.

One-Pot-Gerichte können direkt mit dem Thermomix® zu- und nicht nur vorbereitet werden – und das ebenso ein-

fach wie schnell mit den variantenreichen Rezepten in diesem Buch.

Die praktischen Vorteile von »herkömmlichen« Mahlzeiten aus einem Topf haben wir dabei aber natürlich nicht vergessen: Genauso wie bei anderen gesunden One-Pot-Gerichten – etwa dem klassischen Eintopf unserer Großeltern – setzen wir auch bei unseren Rezepten für den Thermomix® insbesondere auf einfache und gesunde Zutaten. Allerdings ist das nicht nur wichtig für die Versorgung mit essenziellen Nährstoffen, sondern hat noch einen weiteren entscheidenden Vorteil: Gemeinsam mit Grundzutaten wie Nudeln oder Kartoffeln schmecken so selbst wählerischen Kids auch Hülsenfrüchte, Gemüse und andere sonst oft verschmähte Zutaten.

Letzteres gilt natürlich insbesondere dann, wenn fleißig beim Vor- und Zubereiten der Gerichte mitgeholfen werden darf – und das können oft schon die Kleinsten. So gelingt mithilfe einfacher Rezepte nicht nur das Vorbereiten und Kochen im Handumdrehen. Auch lässt sich gemeinsam und ohne großes Küchenchaos spielerisch eine gesunde Ernährung erlernen.

Übrigens: Selbstverständlich wissen wir, dass nicht immer alle Familienmitglieder gemeinsam essen, die gleichen Gerichte mögen und Familien auch aus einem Erwachsenen und einem Kind bestehen können. Darum haben wir unsere Rezepte so konzipiert, dass sie Portionen ergeben, die für **einen Erwachsenen und ein Kind** ausreichend sind. Essen einmal zwei Erwachsene oder auch mehrere Kinder mit, können die Portionen jedoch ganz einfach verdoppelt werden, sodass auch bestimmt jeder satt wird.

So klappt gesundes Kochen mithilfe des Thermomix® nicht nur superschnell und geht kinderleicht. Auch lassen sich ausgewogene Gerichte, die der ganzen Familie schmecken, oft genauso zeitsparend auftischen wie ein Fertiggericht, nur gesünder und richtig lecker.

One Pot und All in One mit dem Thermomix® – so geht's

Alle Zutaten einfach zusammen in den Mixtopf werfen und schon entsteht ein leckeres Gericht – das klingt doch zu einfach, um wahr zu sein. Zugegeben, unsere gesunden One-Pot- und All-in-One-Rezepte werden nicht allesamt nur im Mixtopf des Thermomix® zubereitet. Das macht das Kochen aber dennoch nicht komplizierter. Schließlich ist es mit dem smarten Küchenhelfer möglich, ohne weiteren Aufwand gleich auf mehreren Ebenen zu kochen. Zwar ist bei allen unseren Rezepten kein zusätzliches Kochgeschirr oder der Herd notwendig, allerdings kommen bei einigen Gerichten alle Ebenen des Thermomix® zum Einsatz (All in One) – während bei anderen Rezepten nur der Mixtopf benutzt wird (One Pot). Das kann also bedeuten: Während bestimmte Zutaten gemeinsam mit Flüssigkeit im Mixtopf garen, werden andere Komponenten eines Gerichts im Garkorb oder dem Varoma zubereitet.

Obwohl viele Gerichte in nur einem Gefäß zubereitet werden können, fallen oft zeitaufwendige Arbeitsschritte wie Vorkochen dabei an. Das ist meist nicht nur mühsam, sondern macht auch den Gebrauch und den Abwasch diverser Küchenutensilien notwendig. Um unsere Rezepte so zu gestalten, dass sie sich mit geringem Zeitaufwand auch in einen stressigen Alltag integrieren lassen, haben wir auf solche komplizierten Arbeitsschritte möglichst verzichtet. Unsere Gerichte lassen sich allein mit dem Thermomix® und ohne Zuhilfenahme anderer Gerätschaften zubereiten. Zugegeben, manchmal ist es notwendig, etwas umzufüllen, genau auf die Flüssigkeitsmenge zu achten oder Zutaten zu schälen – die Hauptaufgaben kann jedoch der Thermomix® übernehmen.

All das ist aber nicht nur eine Arbeitserleichterung, sondern hat auch noch weitere entscheidende Vorteile: Bei einigen Rezepten werden Zutaten im Varoma gegart. Das macht die Zubereitung nicht

nur leicht, sondern auch die Zugabe von Fett fast überflüssig. Außerdem werden Gemüse und Fleisch so besonders aromatisch, da sich der austretende Saft leicht durch etwas Backpapier im Varoma auffangen lässt.
Praktisch bedeutet das: Während das Fleisch schonend im Varoma dampfgegart wird, kochen Nudeln oder Reis unten im Mixtopf oder Gareinsatz einfach mit. Ist beides fertig, muss nur noch eine leckere Sauce gemixt werden und schon kann serviert werden. Nutzt man alle Ebenen des Thermomix® nämlich optimal, lassen sich besonders viele Gerichte, auch wenn es einmal schnell gehen muss, ganz unkompliziert zubereiten. Schließlich schafft der Thermomix® viel mehr als nur Kneten und Rühren – der Herd kann beim zeitsparenden Kochen für die ganze Familie also getrost kalt bleiben.

Was es zu beachten gibt

Der Thermomix® kann verschiedenste Zutaten zerkleinern, verrühren, abwiegen und erhitzen – uns aber nicht nur als praktischer Zusatzhelfer zur Hand gehen. Vielmehr ist es auch möglich, unzählige Gerichte allein mit dem Thermomix® zuzubereiten. Damit das One-Pot- und All-in-One-Kochen im Thermomix® jedoch auch wunschgemäß klappt, sind einige Besonderheiten zu beachten:

Dampfgaren und Kochen im Thermomix®

Ohne Probleme kann der Thermomix® verschiedenste Zutaten dünsten, kochen oder reduzieren. Nach dem Befüllen kann er diese Aufgaben ganz allein übernehmen und gleichzeitig sogar noch weitere Lebensmittel dampfgaren.

Prinzipiell ist dabei zu beachten: Empfindliche Zutaten oder solche mit einer kurzen Garzeit sollten ihren Platz möglichst weit oben im Thermomix® finden. Für das Dampfgaren im Thermomix® ist immer eine Mindestmenge an Flüssigkeit erforderlich! Je 15 Minuten Dampfgarzeit sollten sich dabei mindestens 250 Gramm Wasser oder andere Flüssigkeit im Topf befinden. Bei manchen

Rezepten kann es darum erforderlich sein, nach dem Dampfgaren Flüssigkeit aus dem Mixtopf auszugießen und weitere Arbeitsschritte erst danach auszuführen.

Rühren und Mixen

Obwohl die maximale Flüssigkeitsmenge von höchstens 2,2 Litern, mit welcher der Thermomix® befüllt werden kann, nicht überschritten werden soll, kann auch eine geringe Zutatenmenge einige besondere Arbeitsschritte erforderlich machen: Wird diese beispielsweise im Thermomix® zerkleinert und soll anschließend gedünstet werden, kann es erforderlich sein, die Zutaten zuerst vom Topfrand nach unten zu schieben. Oft werden nämlich gerade geringe Mengen beim Zerkleinern an den Topfrand geschleudert.

Zutaten pürieren oder Saucen zubereiten

Pürees, Suppen und Saucen lassen sich im Thermomix® besonders leicht zubereiten. Schließlich können Zutaten und Flüssigkeit einfach gemeinsam in den Topf und nach Ende der Garzeit zusammen püriert werden. Sollen jedoch gleichzeitig auch weitere Lebensmittel im Varoma gedämpft werden, kann das eine größere Flüssigkeitsmenge im Mixtopf erforderlich machen. Dementsprechend ist es bei manchen Rezepten nötig, Flüssigkeit nach dem Dämpfen abzugießen oder einzelne Komponenten eines Gerichts nacheinander zuzubereiten.

Tipps für den praktischen Umgang mit dem Thermomix®:

Kräuter zerkleinern

Beim Zerkleinern von Kräutern mit dem Thermomix® gilt es, darauf zu achten, dass diese möglichst trocken sind. Am besten vorher noch etwas kleiner zupfen und auf das laufende Messer einrieseln lassen, mit mindestens Stufe 5. Auch der Mixtopf sollte trocken sein.

Nudeln und Reis im Thermomix® zubereiten

Nudeln und Reis (trocken) lassen sich sehr gut als Vorrat aufbewahren und können durch verschiedene Saucen, Beilagen, Fleisch und Gemüse abwechslungsreich variiert werden. Bei der Zubereitung im Thermomix® sollten einige Grundregeln beachtet werden:

- Im Thermomix® lassen sich bis zu 500 Gramm Pasta zubereiten. Vorteil dabei: Die Nudeln kochen nicht über und es bleibt genügend Zeit für andere Vorbereitungen. Für 500 Gramm Pasta werden dabei 1,4 Liter Wasser verwendet und selbstverständlich sollte der Linkslauf nicht vergessen werden. Zusammen mit etwas Salz wird das Wasser im Mixtopf zum Kochen gebracht. In das kochende Wasser können dann die Nudeln gegeben und entsprechend der auf der Packung angegebenen Garzeit bei 90-100 °C/Linkslauf/Sanftrührstufe zubereitet werden. (Spaghetti können dabei einfach durch die die Öffnung des Thermomix® gesteckt werden und verschwinden schon bald ganz im Mixtopf). Beim Entnehmen der Nudeln empfiehlt es sich, das Messer zu entfernen und die Nudeln kopfüber in eine Schüssel zu füllen.
- Und auch Reis lässt sich ohne Probleme im Thermomix® kochen. Dazu den Reis im Gareinsatz in den Mixtopf einsetzen und mindestens 1 bis 1,1 Liter Wasser und etwas Salz hinzufügen. Danach wird der Reis entsprechend der auf der Packung angegebenen Kochzeit/Varoma/Stufe 1–2 gekocht. Wichtig: Um ein

Überkochen des Wassers bei Reis zu vermeiden, den Reis erst in den Gareinsatz einwiegen (zum Beispiel auf den Mixtopfdeckel stellen) und dann unter fließendem Wasser gut abspülen. Überflüssige Stärke wird dadurch abgewaschen und ein Überkochen verhindert.

Wichtig für unsere One-Pot-Pasta- und -Reis-Gerichte: Diese Grundregeln gelten für die Zubereitung von Reis oder Nudeln im Mixtopf ohne weitere Zutat. Bei unseren One-Pot-Gerichten wird oft weniger Flüssigkeit verwendet. Dadurch kann sich die Gardauer bei Nudeln oder Reis um 2 bis 5 Minuten verlängern.

Dünsten/Garen im Varoma

- Beim Garen im Varoma sollte man beachten, dass ausreichend Schlitze frei sind, damit der Dampf gut durchziehen kann. Hierzu kann man zum Beispiel Besteck unter das eingelegte Gemüse geben, wenn man eine große Menge dünstet.
- Falls man verhindern möchte, dass beispielsweise Eiweiß beim Dünsten von Fisch oder Fleisch nach unten tropft, sollte man Backpapier auf die Größe des Varoma zuschneiden und unter das Gargut legen. Zur Verbesserung der Dampfdurchlässigkeit kann man das Backpapier vor dem Einlegen nass machen und gut auswringen.

Energie sparen

- Wenn man das Wasser vorher im Wasserkocher aufkocht und dann in den Mixtopf gibt, etwa zum Dünsten im Varoma oder zum Kochen von Kartoffeln im Garkörbchen, verkürzt sich die Aufheizzeit und man spart Energie.
- Umso kleiner zum Beispiel Fleischbällchen oder geschnittenes Gemüse in den Varoma eingelegt werden, desto schneller sind die Zutaten gar – und das spart wiederum Energie.

Anbrennreste entfernen

Anbrennspuren im Mixtopf kann man ganz einfach entfernen: Dazu eine Zitrone halbieren, in den Mixtopf geben und 15 Sek./Stufe 8 zerkleinern. In einem Wasserkocher Wasser aufkochen, in den Mixtopf füllen und 10 Minuten einwirken lassen. Oder Wasser in den Mixtopf zur zerkleinerten Zitrone geben und 10 Min./100 °C/Stufe 1 aufkochen lassen. Danach können die Anbrennreste mit einem Schwamm oder Küchentuch entfernt werden.

Gesund essen leicht gemacht – so schmeckt's auch Kindern

Am besten jeden Tag Spaghetti – aber bitte ohne störendes Gemüse! Manchmal ist es gar nicht so leicht, Kinder zum gesunden Essen zu bewegen. Obwohl wir bei unseren Rezepten darauf geachtet haben, dass sie den Geschmack sowohl von Eltern als auch von Kindern so gut wie möglich treffen, kann es dennoch sein, dass hartnäckige Obst- und Gemüseverweigerer von einigen Zutaten wenig begeistert sind.
Da wir für unsere Kinder aber auch beim Essen nur das Beste wollen, heißt es dann: Bloß nicht aufgeben! Mit ein paar einfachen Tricks lässt sich der kulinarische Alltag der Kleinen gesünder gestalten – und das ganz ohne Streit und Überzeugungsarbeit.

Verstecktes Gemüse

Wer für hartnäckige Obst- und Gemüseverweigerer kocht, tut gut daran, beides einfach in verschiedenen Gerichten zu »verstecken«. So gewöhnen sich die Kids schon einmal indirekt an den Geschmack und finden irgendwann auch Brokkoli gar nicht mehr eklig. Aber wie soll das gehen? Ganz einfach:
Fein geschnittenes, geriebenes oder püriertes Gemüse wie Karotten, Sellerie, Spinat oder Brokkoli lässt sich ganz einfach in Aufläufen, Gratins, Saucen, Gulasch und in vielen anderen Gerichten verstecken. Geraspelte Äpfel oder zu Mus eingekochte andere Obstsorten hingegen verfeinern Süßspeisen ganz »unsichtbar«.

Gemüse zuerst

Frei nach der Devise »Hunger ist der beste Koch« kann es manchmal helfen, einen Salat oder die Gemüsebeilage einfach separat vor dem eigentlichen Hauptgericht zu servieren. So stehen die Chancen nämlich besser, dass auch gesunde Kost nicht verschmäht wird.

Neues probieren

Wer schon früh verschiedenste Lebensmittel kennenlernt, integriert meist auch später viele unterschiedliche Gerichte und Zutaten in seinen Speiseplan. Das wiederum trägt dazu bei, optimal mit Nährstoffen versorgt zu werden. Es lohnt sich darum, auch kleine Kinder immer wieder zu motivieren, neue Lebensmittel inklusive Obst und Gemüse zu probieren. Dabei ist Rohkost – beispielsweise in Form von Gemüsesticks oder einem bunten Obstsalat – für Kinder übrigens meist interessanter als gegarte Lebensmittel. Auf meiner Infoseite zum Buch *www.one-pot-fuer-kinder.de* können Sie das kostenlose E-Book »*Das lustige Obst- und Gemüse-Bastelbuch*« anfordern. Als witzige Tierchen gestaltetes Obst und Gemüse schmeckt den Kindern oft gleich viel besser.

Jeden Tag etwas Gesundes

Obst und Gemüse sollten einen festen Platz im Speiseplan haben und täglich auf den Tisch kommen – so wird Gesundes zur Selbstverständlichkeit. Geschieht dies regelmäßig, sollten wir jedoch auch akzeptieren, wenn den Kids etwas einmal nicht schmeckt – schließlich mögen ja auch Erwachsene nicht immer alles.

Lieblingsgerichte gesünder machen

Alle Kinder lieben Spaghetti bolognese – allerdings lässt sich das Gericht beispielsweise auch vegetarisch mit Linsen zubereiten. Warum also nicht einmal versuchen, auch andere Lieblingsgerichte abzuwandeln?

Auf Aromastoffe und Geschmacksverstärker verzichten

Künstliche Aromastoffe und Geschmacksverstärker können regelrecht abhängig machen. Sie stecken in vielen Fertigprodukten und verhindern oft, dass Kinder die natürlichen Aromen von Obst und Gemüse kennenlernen. Gewöhnen sich aber schon kleine Kinder an die künstlichen

Aromen in Fertigjoghurt, Brühpulver und Co., führt das oft dazu, dass der natürliche Geschmack von Obst und Gemüse abgelehnt wird. Besser ist es darum, bereits kleinen Kindern selbst gemachte Gerichte und Getränke, deren Inhaltsstoffe wir genau kennen, schmackhaft zu machen. Tee, Joghurt mit frischen Früchten und herzhafte Gerichte mit selbst gekochter Brühe lassen sich schließlich auch ganz leicht und ohne Fertigprodukte und -pulver zubereiten.

Diese Lebensmittel kommen in den Thermomix®

Gesunde und ausgewogene One-Pot- und All-in-One-Rezepte aus dem Thermomix® sollten so zusammengestellt werden, dass sie alle besonders wichtigen Makronährstoffe (Eiweiß, Fett und Kohlenhydrate) in einem gesunden Verhältnis enthalten und uns außerdem mit wichtigen Vitaminen und Mineralstoffen versorgen. Dabei gilt: Die Mischung macht's! Und so kommen neben leckerem Gemüse, Obst und Milchprodukten auch Kartoffeln und Getreideprodukte sowie gesunde Öle in den Thermomix®.

Kartoffeln und Getreide

Kartoffeln und Getreideprodukte liefern jede Menge Kohlenhydrate und somit Energie. Damit wir besonders lange satt bleiben, sollten nach Möglichkeit Vollkorngetreideprodukte verwendet werden. Kommen diese bei den Kids jedoch weniger gut an, können auch Vollkorn- und Getreideprodukte aus weißem Mehl miteinander gemischt werden.

Wer Pasta für kleinere Kinder kocht, verwendet dabei am besten kurze Nudelsorten, die sie schon allein essen können. Die Garzeit variiert dabei meist je nach Sorte zwischen 6 und 10 Minuten. Reis und gewürfelte Kartoffeln sind hingegen in der Regel nach 10 bis 20 Minuten gar.

Milchprodukte

Milchprodukte liefern Proteine und viel gesundes Kalzium. Letzteres ist insbesondere für ein gesundes Wachstum von Kindern sehr wichtig. In einer ausgewogenen Mahlzeit können Milchprodukte wie Käse, Joghurt und Quark oder natürlich auch die Milch selbst verwendet werden.

Gemüse und Obst

Ob roh oder gekocht – Obst und Gemüse sollten bei keiner Mahlzeit fehlen und ganz oben auf dem Speiseplan stehen. Schließlich liefern sie uns viele Vitamine, wertvolle Ballaststoffe und wichtige Mineralien. In den Topf kommen darf dabei prinzipiell natürlich jede Sorte, die der ganzen Familie schmeckt. Soll es einmal besonders schnell gehen, ist selbstverständlich auch Tiefkühlgemüse erlaubt. Bei tiefgekühlten Produkten sind nämlich noch alle wichtigen Vitamine und Mineralien enthalten und zudem können sie natürlich viel schneller weiterverarbeitet werden.

Eier und Fleisch

Auch tierische Lebensmittel wie Fisch, Fleisch und Eier enthalten viele wertvolle Proteine, Omega-3-Fettsäuren sowie

andere gesunde Inhaltsstoffe, die unsere Ernährung bereichern. Allerdings sollten sie nicht unbedingt jeden Tag auf dem Speiseplan stehen. Auch für Kinder ist es ausreichend, wenn etwa zwei Mal pro Woche Fleisch oder Fisch auf den Teller kommt.

Fette und Zucker

Zur Zubereitung gesunder One-Pot- und All-in-One-Gerichte empfiehlt es sich, pflanzliche Öle wie Oliven- oder Kokosöl zu verwenden. Raffinierter weißer Haushaltszucker sollte hingegen gerade beim Kochen für kleinere Kinder eher weggelassen werden. Soll es trotzdem einmal etwas Süßes sein, eignen sich auch Apfelmark, Kokosblütenzucker oder Honig ganz hervorragend zum Süßen.

So lässt sich mit One-Pot- und All-in-One-Gerichten noch mehr Zeit sparen

Werden frische Mahlzeiten im Thermomix® zubereitet, lässt sich beim Kochen jede Menge Zeit sparen. Auch das Einkaufen, Planen und Vorbereiten der Mahlzeiten gelingt mit ein paar einfachen Tricks noch besser – und macht außerdem Spaß.

Mahlzeiten planen

Wer seine Mahlzeiten schon ein paar Tage oder sogar eine ganze Woche im Voraus plant, hat es im Alltag – insbesondere mit Kind – gleich viel leichter. Zum einen muss so nicht mehr lange überlegt werden, was am Mittag oder Abend auf den Tisch kommen soll. Zum anderen ist es auch viel einfacher, sich gesünder und ausgewogener zu ernähren. Steht nämlich schon im Voraus fest, was gekocht werden soll, lässt sich der Griff zu Fertigprodukten oder Fast Food ganz leicht vermeiden – und das ist selbstverständlich nicht nur gesünder, sondern spart oft auch noch Geld.

Sinnvoll einkaufen

Sind die Mahlzeiten der nächsten Woche oder der nächsten Tage schon im Voraus geplant, lässt sich schnell feststellen, was eingekauft werden muss. Vor dem Schreiben der Einkaufsliste sollte ein Blick in Kühl- und Vorratsschrank nicht fehlen, damit Zutaten nicht doppelt angeschafft werden.

So geplant lässt sich nicht nur der Einkauf viel schneller und stressfreier bewältigen, sondern auch vermeiden, dass zu viele oder gar nicht benötigte Lebensmittel eingekauft werden – und auch das hilft dabei, Geld zu sparen und weniger Lebensmittel wegwerfen zu müssen.

Gemeinsam kochen

Gemeinsam mit der ganzen Familie kochen ist viel zeitaufwendiger? Nicht unbedingt – schließlich lässt sich auch ein noch so schnelles Gericht nicht stressfrei zubereiten, wenn währenddessen ein Kind quengelt. Warum also nicht auch kleinere Kinder ein paar einfache Aufgaben in der Küche übernehmen lassen? So haben die Kids nicht nur etwas zu tun, sondern lernen gleichzeitig auch verschiedene Zutaten und Aufgaben kennen. Besonders gut kommen dabei übrigens auch bei den Kleinsten ein paar bunte Schüsseln an, in die vorbereitete Zutaten beispielsweise selbst hineingelegt werden dürfen. Angenehmer Nebeneffekt: Wer selbst dabei

geholfen hat, ein Gericht zuzubereiten, findet hinterher auch Brokkoli oder Spinat gar nicht mehr eklig.

Vorratshaltung für »Notfälle«

Hat es einmal mit dem Planen der Mahlzeiten weniger gut geklappt oder muss es besonders schnell gehen, ist es sinnvoll, einige »Notfallzutaten« vorrätig zu haben, aus denen sich auch spontan eine Mahlzeit zaubern lässt. Hierfür sind insbesondere trockene Produkte wie Reis, Nudeln oder Couscous gut geeignet. Aber auch Konserven wie passierte Tomaten, Bohnen oder Mais lassen sich lange aufbewahren und beispielsweise zusammen mit tiefgekühltem Gemüse innerhalb von Minuten in eine leckere Mahlzeit verwandeln.

Zu den Rezepten

Jetzt aber ran an den Thermomix®! Die One-Pot- und All-in-One-Rezepte sind für einen **Erwachsenen und ein Kind** konzipiert. Verdoppeln Sie die Portionen einfach nach Bedarf. Zum Beispiel bei einer vierköpfigen Familie.

Wichtig speziell für One-Pot-Gerichte mit Nudeln und Reis:

Garzeit und »Saugfähigkeit« besonders von Nudeln und Reis können je nach Sorte variieren. Am besten immer etwas mehr Flüssigkeit wie Wasser oder Gemüsebrühe bereithalten, um nachgießen zu können.

Im Mixtopf wird weniger Flüssigkeit verwendet, als normalerweise zum Kochen von Reis oder Nudeln nötig ist. Dadurch kann sich die Gardauer etwas verlängern – ein 10-Minuten-Reis ist gegebenenfalls erst nach 12 bis 15 Minuten gar. One Pots sollten generell noch kurz im Mixtopf ziehen und dann direkt serviert werden.

Die Gerichte sind ideal zum sofortigen Verzehr. Grundsätzlich kann man sie auch für später aufbewahren, dann sollten sie aber unter Zugabe von Flüssigkeit erwärmt werden.

Was nicht passt, wird passend gemacht: Da vielleicht nicht jedem Kind das Gemüse aus den Zutatenlisten schmeckt, finden Sie unter den Rezepten Tipps und Variationen.

Ich wünsche Ihnen gutes Gelingen und guten Appetit!

Zum Umgang mit diesem Buch

Bei jedem Rezept finden Sie Nährwertangaben:
- kcal steht für Kilokalorien,
- KH für Kohlenhydrate,
- F für Fett,
- P für Protein.

Außerdem sind vegetarische und glutenfreie Rezepte übersichtlich gekennzeichnet:
- vegetarisch
- vegan
- glutenfrei

Glutenfrei: Bitte achten Sie bei Ihren Produkten immer auf das Etikett, besonders bei Schokolade, Käse, Gemüsebrühe, Eiweißpulver, Kakaopulver, Gewürzen etc. Auch wenn diese Zutaten meist frei von Gluten sind, können von den Herstellern bestimmte Zusätze verwendet werden, die nicht glutenfrei sind.
One Pot: Das sind Gerichte, für die nur der Mixtopf des Thermomix® verwendet wird.
All in One: Bei diesen Rezepten kommen mehrere Ebenen des Thermomix® zum Einsatz (Mixtopf, Varoma).

ONE POT UND ALL IN ONE: FRÜHSTÜCK UND SÜSSSPEISEN

Schoko-Milchreis

ONE POT
Gesamtkalorien: 706 kcal / 126,6 g KH / 20,6 g P / 10 g F
vegetarisch/glutenfrei

400 g Milch oder Milchalternative, z. B. Mandelmilch
20 g Rohrzucker oder Süßungsmittel nach Wahl, z. B. Honig
1 Päckchen Vanillinzucker
1 ½ EL Backkakaopulver
100 g Milchreis

1. Milch, Rohrzucker, Vanillinzucker und Kakaopulver in den Mixtopf geben und 10 Sek./Stufe 6 mixen.
2. Milchreis einwiegen und 5 Min./100 °C/Linkslauf/Stufe 1 kurz aufkochen.
3. Danach 30 Min./90 °C/Linkslauf/Stufe 1 fertig köcheln.
4. In 2 kleine Schüsseln umfüllen und mindestens 10 Min. ziehen lassen. Der Milchreis quillt noch nach.

Tipps und Variationen:

Dazu schmecken frische Früchte wie Himbeeren oder eingelegte, zum Beispiel Sauerkirschen.

Vanillepudding-Couscous mit Himbeeren

ONE POT

Gesamtkalorien: 677 kcal / 107,3 g KH / 24,9 g P / 11,8 g F

vegetarisch

15 g Vanillepuddingpulver
250 g Milch oder Milchalternative
100 g Wasser
Mark einer Vanilleschote
1-2 EL Honig
100 g Couscous
125 g tiefgefrorene Himbeeren
10 g Mandelblättchen

1. Puddingpulver mit Milch, Wasser, Vanillemark und Honig in den Mixtopf geben, 5 Min./95 °C/Stufe 1 aufkochen.
2. Couscous hinzufügen und 3 Min./90 °C/Linkslauf/Sanftrührstufe verrühren.
3. Nach Belieben einen Teil der Himbeeren 10 Sek./Linkslauf/Sanftrührstufe unterheben. Im Mixtopf noch mindestens 5 Min. quellen lassen.
4. Danach auf 2 Schälchen aufteilen und mit den restlichen Himbeeren und Mandelblättchen garnieren.

Tipps und Variationen:

In diesem Rezept kann man Couscous auch durch Hafer- oder Quinoaflocken ersetzen. Anstatt Himbeeren eignen sich Erdbeeren, Heidelbeeren oder jede andere Obstsorte.

Warmer Couscous-Obst-Salat

ONE POT
Gesamtkalorien: 372 kcal / 73,2 g KH / 4 g P / 1,9 g F
vegetarisch

200 g Apfelsaft
1 TL Honig
80 g Couscous
1 Kiwi
1 kleiner Apfel
1 Pfirsich oder Nektarine
100 g Himbeeren
Saft ½ Zitrone oder Limette

1. Apfelsaft und Honig in den Mixtopf füllen und 4 Min./100 °C/Stufe 1 erhitzen.
2. Couscous hinzufügen und 3 Min./90 °C/Linkslauf/Sanftrührstufe verrühren. Im Mixtopf noch mindestens 5 Min. quellen lassen.
3. Währenddessen Kiwi schälen, Apfel und Pfirsich waschen und alles in Stücke schneiden.
4. Himbeeren waschen und abtropfen lassen.
5. Zitronensaft und Obst in den Mixtopf hinzufügen und 15 Sek./Linkslauf/Sanftrührstufe vermischen. Danach in 2 Schälchen umfüllen und mindestens 5 Min. ziehen lassen.

Tipps und Variationen:

Anstatt der angegebenen Obstsorten können Früchte nach Belieben verwendet werden, zum Beispiel Erdbeeren, Heidelbeeren, Bananen, Mandarinen oder Orangen.

Süßes Buchweizen-Porridge mit Banane

ONE POT

Gesamtkalorien: 765 kcal / 126,2 g KH / 23,5 g P / 16,6 g F

vegetarisch/glutenfrei

- 100 g Buchweizen
- 200 g Milch oder Milchalternative
- 1 ½ EL Honig
- 1 Banane
- 1 EL Walnüsse
- 1 EL Kürbiskerne
- 1 EL getrocknete Cranberrys

1. Buchweizen in den Gareinsatz einwiegen und mit warmem Wasser durchspülen, abtropfen lassen.
2. Milch mit Honig in den Mixtopf geben und 3 Min./100 °C/Stufe 1 erhitzen.
3. Buchweizen einwiegen und 15 Min./90 °C/Linkslauf/Sanftrührstufe kochen. Im Mixtopf noch 5 Min. quellen lassen.
4. Banane schälen, in Scheiben schneiden. Walnüsse grob hacken.
5. Porridge mit Bananenscheiben, Walnüssen, Kürbiskernen und Cranberrys garnieren.

Tipps und Variationen:

Rosinen statt Cranberrys verwenden und Apfel statt Banane.
Mit Mandelblättchen bestreuen.
Das Porridge kann auch mit Haferflocken und Quinoaflocken zubereitet werden. In diesem Fall die Kochzeit auf ca. 10 Min. reduzieren.

Vanille-Grießbrei mit Beeren

ONE POT

Gesamtkalorien: 603 kcal / 88,8 g KH / 22,6 g P / 16 g F

vegetarisch

- 60 g Weichweizengrieß
- 450 g Milch oder Milchalternative, z. B. Mandelmilch
- 1 Spritzer Zitronensaft
- 1 Prise Salz
- 1 Päckchen Vanillinzucker oder etwas mehr Vanille und Süßungsmittel
- 1 Prise gemahlene Vanille
- 1 EL Agavendicksaft oder Honig
- 1 TL Butter
- 100 g gemischte Beeren, z. B. Erdbeeren oder Heidelbeeren

1. Weichweizengrieß, Milch, Zitronensaft, Salz, Vanillinzucker, Vanille und Agavendicksaft in den Mixtopf geben und 10 Sek./Stufe 5 mixen.
2. Dann 10 Min./90 °C/Stufe 2 köcheln lassen.
3. Butter in den Mixtopf hinzufügen und 1 Min./90 °C/Stufe 1 verrühren.
4. Auf 2 kleine Schüsseln verteilen und noch mindestens 5 Min. nachquellen lassen.
5. Beeren waschen, trockentupfen und den Grießbrei damit belegen.

Tipps und Variationen:

Anstatt gemahlener Vanille etwas Lebkuchengewürz hinzufügen und mit Keksen anrichten.

Himbeer-Porridge

ONE POT

Gesamtkalorien: 475 kcal/ 68,4 g KH/ 16,4 g P/ 11,2 g F

vegetarisch

- 150 g Himbeeren
- 100 g Haferflocken
- 2 EL Kokosmilch
- 350 g Wasser
- 1 TL Leinsamen
- 1 TL Kokosraspel (optional)
- 1 TL Honig oder Süßungsmittel nach Wahl

1. Himbeeren waschen und abtropfen lassen. Einen Teil davon für das Topping zurücklegen, den Rest in den Mixtopf geben und 5 Sek./Stufe 6 pürieren.
2. Restliche Zutaten in den Mixtopf hinzufügen und 10 Min./90 °C/Linkslauf/Stufe 1 köcheln lassen.
3. In 2 kleine Schüsseln umfüllen und noch ca. 3 Min. nachquellen lassen.
4. Das Porridge mit den zurückgelegten Himbeeren belegen.

Tipps und Variationen:

Das Porridge lässt sich auch ganz leicht aus Tiefkühlhimbeeren herstellen oder mit anderen Beeren variieren.

Anstatt Haferflocken kann man Dinkel- oder Quinoaflocken verwenden.

Apfel-Mandel-Porridge

ONE POT

Gesamtkalorien: 643 kcal / 85,2 g KH / 24,2 g P / 21 g F

vegetarisch

1 EL ganze Mandeln
1-2 Äpfel (ca. 200 g)
70 g Haferflocken
250 g Milch oder Milchalternative, z. B. Mandelmilch
150 g Wasser
1 TL Leinsamen
1 TL Honig oder Süßungsmittel nach Wahl
1/4 TL Zimt, plus etwas mehr zum Garnieren

1. Mandeln in den Mixtopf geben und 3 Sek./Stufe 5 hacken.
2. Äpfel waschen, entkernen und in Viertel schneiden. Ein Apfelviertel in kleine Stücke schneiden und als Topping zurücklegen, die restlichen Viertel in den Mixtopf geben und 5 Sek./Stufe 5 hacken.
3. Restliche Zutaten in den Mixtopf hinzufügen und 10 Min./90 °C/Linkslauf/Stufe 1 köcheln lassen.
4. In 2 kleine Schüsseln umfüllen und noch ca. 3 Min. nachquellen lassen.
5. Mit den Apfelstückchen und Zimt garnieren.

Tipps und Variationen:

Anstatt Haferflocken kann man auch Dinkel- oder Quinoaflocken verwenden.

Gedämpfte Birnen mit Apfel-Zimt-Füllung

ALL IN ONE

Gesamtkalorien: 326 kcal / 68,5 g KH / 3 g P / 5,6 g F

vegetarisch/glutenfrei

2 Birnen
1 Apfel
2 Walnüsse oder Mandeln
1 TL Rosinen
2 TL Honig oder Agavendicksaft
1 Prise Zimt
500 g Wasser

1. Birnen waschen, abtrocknen, wenn gewünscht schälen, halbieren. Aus den Birnenhälften das Kerngehäuse herausschneiden und die Hälften in eine Backform (geeignet für den Varoma, z. B. eine kleine Silikonform) oder auf ein Backpapier geben (1 Blatt Backpapier in der Größe des Varoma-Einlegebodens in Wasser tauchen und auswringen, danach einlegen).
2. Apfel abwaschen, abtrocknen, wenn gewünscht schälen, Kerngehäuse entfernen und in kleine Würfel schneiden. Danach auf die 4 Birnenhälften geben.
3. Walnüsse in den Mixtopf geben und 2 Sek./Stufe 5 hacken. Zusammen mit den Rosinen ebenfalls auf den 4 Hälften verteilen.
4. Zum Schluss noch den Honig über alles träufeln und nach Belieben mit Zimt bestreuen.
5. Wasser in den Mixtopf geben, Mixtopfdeckel schließen und Varoma aufsetzen. 15–20 Min./Varoma/Stufe 3 bis zur gewünschten Konsistenz (die Birnen z. B. sehr weich oder doch lieber bissfest) garen.

Tipps und Variationen:

Die Birnen lassen sich gut mit One-Pot-Hauptgerichten, die mit Varomastufe gekocht werden, kombinieren. Dann kann man die Birnen gleich als Dessert mit zubereiten. Dazu am besten eine Backform verwenden, die für den Varoma geeignet ist, damit kein süßer Saft nach unten in das deftige Hauptgericht tropft.

Karotten-Grießbrei

ONE POT

Gesamtkalorien: 586 kcal / 81,6 g KH / 20 g P / 19,1 g F

vegetarisch

1 Karotte (ca. 75 g)
½ Apfel (ca. 75 g)
50 g Weichweizengrieß
400 g Milch oder Milchalternative, z. B. Mandelmilch
1 Prise Salz
1 Prise gemahlene Vanille
1 EL Agavendicksaft oder Honig
1 TL Butter

1. Karotte waschen, schälen, nach Belieben einige Scheiben für die Garnitur abschneiden, den Rest in groben Stücken in den Mixtopf geben.
2. Apfel waschen, abtrocknen, schälen und entkernen, dann in groben Stücken in den Mixtopf hinzufügen.
3. Karotte und Apfel 5 Sek./Stufe 7 zerkleinern.
4. Weichweizengrieß, Milch, Salz, Vanille und Agavendicksaft in den Mixtopf geben und 10 Sek./Stufe 1 vermischen.
5. Dann 12 Min./90 °C/Stufe 1 köcheln lassen.
6. Butter in den Mixtopf hinzufügen und 1 Min./90 °C/Stufe 2 verrühren.
7. Auf 2 kleine Schüsseln verteilen und noch mindestens 5 Min. nachquellen lassen. Mit Karottenstückchen belegen.

Tipps und Variationen:

Die Karottenstückchen haben noch etwas Biss. Falls man einen sehr weichen Brei haben möchte, einfach noch ein paar Minuten mehr köcheln lassen.
Schmeckt lecker: Mandeln oder Nüsse hinzufügen und mit Karotte und Apfel zerkleinern.

ONE POT UND ALL IN ONE MIT NUDELN

Pasta Primavera

ONE POT
Gesamtkalorien: 806 kcal / 97,8 g KH / 20,6 g P / 35,1 g F
vegetarisch

100 g Paprikaschote, z. B. rot und gelb
100 g Zucchini
350 g Brühe, z. B. Gemüsebrühe
100 g süße Sahne
120 g Hartweizennudeln, z. B. Mini-Farfalle
(Garzeit ca. 10 Min.)*
Salz und Pfeffer

1. Paprika entkernen, waschen und in kleine Stücke oder Streifen schneiden.
2. Zucchini waschen, abtrocknen und in feine Streifen schneiden oder hobeln.
3. Brühe und Sahne in den Mixtopf geben und 5 Min./100 °C/Stufe 1 aufkochen lassen.
4. Nudeln, Paprika und Zucchini hinzufügen und 12 Min./95 °C/Linkslauf/Sanftrührstufe fertig kochen. Mit Salz und Pfeffer abschmecken.

Tipps und Variationen:

Die Paprika-Zucchini-Kombi kann durch Tomate und Zucchini oder Blumenkohl und Brokkoli ersetzt werden.

* Garzeit und Saugfähigkeit der Nudeln können je nach Sorte variieren (bei Bedarf etwas mehr Brühe nachgießen). Durch die Verwendung einer geringeren Flüssigkeitsmenge im Mixtopf als beim Kochen von Nudeln normalerweise nötig ist, kann sich die Garzeit verlängern.
Falls die Nudeln sehr viel Flüssigkeit ziehen, können am Mixtopfboden leichte Anbrennreste zurückbleiben. Diese lassen sich aber problemlos mit den Tipps auf S. 12 entfernen.

Spaghetti mit Tomatensauce

ONE POT

Gesamtkalorien: 779 kcal / 139,9 g KH / 23,7 g P / 14,2 g F

vegetarisch oder vegan (je nach gewählter Nudelsorte)

1 Schalotte oder ½ Zwiebel
1 EL Öl, z. B. Olivenöl
250 g gehackte Tomaten aus der Dose
300 g Gemüsebrühe
Salz und Pfeffer
Getrockneter Oregano
170 g Hartweizen-Spaghetti (Garzeit ca. 8 Min.)*

1. Schalotte abziehen und halbieren, in den Mixtopf geben und 3 Sek./Stufe 5 hacken.
2. Öl hinzufügen und 3 Min./Varoma/Stufe 1 andünsten.
3. Tomaten, Brühe, Salz, Pfeffer und Oregano hinzufügen und 4 Min./100 °C/Linkslauf/Stufe 1 aufkochen.
4. Waage aktivieren und Spaghetti durch die Mixtopföffnung in den Mixtopf einwiegen (einfach hochkant einfüllen). Danach 14 Min./100 °C/Linkslauf/Sanftrührstufe köcheln lassen. Die Spaghetti verschwinden langsam im Mixtopf und garen in der Sauce.
5. Nochmals abschmecken und nach dem Kochen sofort servieren.

Tipps und Variationen:

Nach Belieben kann man 5 Cherrytomaten vierteln und mitköcheln lassen.
Gibt man noch ca. 100 g Hackfleisch und 50 g Brühe hinzu, wird daraus ein leckeres Spaghetti-bolognese-Gericht aus einem Topf.

* Garzeit und Saugfähigkeit der Nudeln können je nach Sorte variieren (bei Bedarf etwas mehr Brühe nachgießen). Durch die Verwendung einer geringeren Flüssigkeitsmenge im Mixtopf als beim Kochen von Nudeln normalerweise nötig ist, kann sich die Garzeit verlängern.
Falls die Nudeln sehr viel Flüssigkeit ziehen, können am Mixtopfboden leichte Anbrennreste zurückbleiben. Diese lassen sich problemlos mit den Tipps auf S. 12 entfernen.

Nudeln in Rahm-Champignon-Sauce

ONE POT

Gesamtkalorien: 878 kcal / 96 g KH / 21,7 g P / 44,3 g F

vegetarisch

1-2 Stängel Petersilie
½ Zwiebel oder 1 Schalotte
1 TL Butter
125 g Champignons
250 g Gemüsebrühe
100 g Kochsahne (7 % Fett) oder süße Sahne
125 g Nudeln, z. B. Penne oder Bandnudeln aus Hartweizen (Garzeit ca. 10 Min.)*
Salz und Pfeffer

1. Petersilie waschen, trockenschütteln, Zwiebel abziehen und halbieren. Alles in den Mixtopf geben und 5 Sek./Stufe 6 zerkleinern.
2. Butter hineingeben und 3 Min./Varoma/Stufe 1 andünsten.
3. Champignons putzen, in Scheiben schneiden, in den Mixtopf hinzufügen und 3 Min./Varoma/Linkslauf/Sanftrührstufe mitdünsten.
4. Gemüsebrühe, Kochsahne und Nudeln einwiegen und 12 Min./95 °C/Linkslauf/Sanftrührstufe fertig kochen.
5. Danach mit Salz und Pfeffer abschmecken.

Tipps und Variationen:

Anstatt frischer Champignons kann man auch Champignonscheiben aus der Dose verwenden.

* Garzeit und Saugfähigkeit der Nudeln können je nach Sorte variieren (bei Bedarf etwas mehr Brühe nachgießen). Durch die Verwendung einer geringeren Flüssigkeitsmenge im Mixtopf als beim Kochen von Nudeln normalerweise nötig ist, kann sich die Garzeit verlängern.
Falls die Nudeln sehr viel Flüssigkeit ziehen, können am Mixtopfboden leichte Anbrennreste zurückbleiben. Diese lassen sich aber problemlos mit den Tipps auf S. 12 entfernen.

Penne mit fruchtig-cremiger Sauce

ONE POT

Gesamtkalorien: 873 kcal / 138 g KH / 32,7 g P / 19,5 g F

vegetarisch oder vegan (je nach gewählter Nudelsorte)

1 Schalotte oder ½ Zwiebel
1 Knoblauchzehe
1 EL Olivenöl
1 EL Tomatenmark
200 g Cherrytomaten
400 g Hafermilch, Gemüsebrühe oder Milchalternative, z. B. Mandelmilch
1 EL Hefeflocken
Salz und Pfeffer
150 g Dinkel- oder Hartweizen-Penne (Garzeit ca. 10 Min.)*
2 Stängel Basilikum

1. Schalotte und Knoblauch abziehen, Schalotte halbieren, in den Mixtopf geben 3 Sek./Stufe 5 hacken.
2. Olivenöl und Tomatenmark hinzufügen und 3 Min./Varoma/Stufe 1 andünsten.
3. Cherrytomaten waschen, abtrocknen und halbieren. Zusammen mit Hafermilch, Hefeflocken, Salz und Pfeffer in den Mixtopf hinzufügen und 4 Min./100 °C/ Linkslauf/Stufe 0,5 aufkochen lassen.
4. Dinkel-Penne hinzufügen und 12 Min./95 °C/Linkslauf/Sanftrührstufe fertig kochen.
5. Basilikum waschen, trockenschütteln, Blätter abzupfen und diese 10 Sek./Linkslauf/Sanftrührstufe oder mit dem Spatel unter die Penne mischen. Vor dem Servieren mit Salz und Pfeffer abschmecken.

Tipps und Variationen:

Anstatt der Hafermilch kann man auch Milch oder eine Mischung aus 250 g Gemüsebrühe und 150 g Kochsahne (7 % Fett) verwenden.
Hefeflocken verleihen Saucen eine leckere cremige Konsistenz.

* Garzeit und Saugfähigkeit der Nudeln können je nach Sorte variieren (bei Bedarf etwas mehr Brühe nachgießen). Durch die Verwendung einer geringeren Flüssigkeitsmenge im Mixtopf als beim Kochen von Nudeln normalerweise nötig ist, kann sich die Garzeit verlängern.
Falls die Nudeln sehr viel Flüssigkeit ziehen, können am Mixtopfboden leichte Anbrennreste zurückbleiben. Diese lassen sich aber problemlos mit den Tipps auf S. 12 entfernen.

Vollkornpasta in Gemüse-Kokos-Sauce

ONE POT

Gesamtkalorien: 908 kcal / 113,3 g KH / 35,9 g P / 25,4 g F

vegetarisch oder vegan (je nach gewählter Nudelsorte)

1 Schalotte oder ½ Zwiebel
1 Knoblauchzehe
250 g Brokkoli
70 g Babyspinat
1 EL Oliven- oder Kokosöl
70 g tiefgefrorene Erbsen
200 g Kokosmilch, z. B. fettreduziert
400 g Wasser
Salz und Pfeffer
150 g Vollkorn- oder Hartweizen-Spirelli (Garzeit ca. 10 Min.)*
1 EL Zitronensaft

1. Schalotte und Knoblauch abziehen, Schalotte halbieren, in den Mixtopf geben und 3 Sek./Stufe 5 hacken.
2. Brokkoli waschen, trockentupfen und in grobe Röschen zerteilen oder schneiden. Den Brokkolistrunk schälen und in kleine Stücke schneiden.
3. Babyspinat waschen und abtropfen lassen.
4. Öl in den Mixtopf hinzufügen und Schalotten- und Knoblauchstücke 3 Min./Varoma/Stufe 1 andünsten.
5. Brokkoli, Erbsen, Kokosmilch und Wasser mit Salz und Pfeffer hinzufügen und 5 Min./100 °C/Linkslauf/Stufe 0,5 aufkochen lassen.
6. Spirelli und Babyspinat hinzufügen und 12 Min./100 °C/Linkslauf/Stufe 0,5 fertig kochen.
7. Mit Zitronensaft, Salz und Pfeffer abschmecken und servieren.

Tipps und Variationen:

Als Alternative zur Kokosmilch eignet sich Kochsahne (7 % Fett) oder ein Gemisch aus 100 g Wasser und 100 g Sahne.
Statt der Brokkoli-Spinat-Kombi passt zu diesem Gericht auch Zucchini und Paprika oder Tomate.

* Garzeit und Saugfähigkeit der Nudeln können je nach Sorte variieren (bei Bedarf etwas mehr Brühe nachgießen). Durch die Verwendung einer geringeren Flüssigkeitsmenge im Mixtopf als beim Kochen von Nudeln normalerweise nötig ist, kann sich die Garzeit verlängern.
Falls die Nudeln sehr viel Flüssigkeit ziehen, können am Mixtopfboden leichte Anbrennreste zurückbleiben. Diese lassen sich aber problemlos mit den Tipps auf S. 12 entfernen.

Cherrytomaten-Bandnudel-Pot

ONE POT
Gesamtkalorien: 686 kcal / 101,4 g KH / 28 g P / 18,7 g F
vegetarisch

1 Knoblauchzehe
2 Stängel Petersilie
1 EL Olivenöl
2 EL Tomatenmark
400 g Cherrytomaten
400 g Gemüsebrühe
Salz und Pfeffer
120 g breite Hartweizen-Bandnudeln (Garzeit ca. 10 Min.)*
20 g gehobelter Parmesan

1. Knoblauch abziehen, Petersilie waschen, trockenschütteln und kleiner zupfen. Beides in den Mixtopf geben und 3 Sek./Stufe 5 hacken.
2. Olivenöl und Tomatenmark hinzufügen und 3 Min./Varoma/Stufe 1 andünsten.
3. Cherrytomaten waschen, einritzen und zusammen mit 400 g Gemüsebrühe, Salz und Pfeffer in den Mixtopf hinzufügen, 6 Min./100 °C/Linkslauf/Sanftrührstufe aufkochen lassen.
4. Bandnudeln hinzufügen und 12 Min./100 °C/Linkslauf/Sanftrührstufe fertig kochen.
5. Mit Salz und Pfeffer abschmecken und mit Parmesan garnieren.

Tipps und Variationen:

Parmesan lässt sich durch andere Käsesorten ersetzen. Von Käse am Stück kann man auch einfach ca. 15 g in den Mixtopf geben, 5 Sek./Stufe 8 zerkleinern und umfüllen, bevor man mit dem Kochen beginnt.

* Garzeit und Saugfähigkeit der Nudeln können je nach Sorte variieren (bei Bedarf etwas mehr Brühe nachgießen). Durch die Verwendung einer geringeren Flüssigkeitsmenge im Mixtopf als beim Kochen von Nudeln normalerweise nötig ist, kann sich die Garzeit verlängern.
Falls die Nudeln sehr viel Flüssigkeit ziehen, können am Mixtopfboden leichte Anbrennreste zurückbleiben. Diese lassen sich aber problemlos mit den Tipps auf S. 12 entfernen.

Bunte Orzo-Pasta

ALL IN ONE

Gesamtkalorien: 695 kcal / 102,1 g KH / 33,6 g P / 14,7 g F

vegetarisch

150 g Brokkoli
100 g dünner grüner Spargel
50 g tiefgefrorene Erbsen
400 g Gemüsebrühe
110 g Orzo-Nudeln (Garzeit ca. 10 Min.)*
100 g Sahne oder Kochsahne (7 % Fett)
Salz und Pfeffer
250 g Cherrytomaten
20 g geriebener Parmesan (optional)

1. Brokkoli waschen, putzen und in Röschen schneiden.
2. Spargel waschen, holzige Enden schälen und in Stücke schneiden.
3. Brokkoli, Spargel und Erbsen in Varoma und Varoma-Einlegeboden verteilen.
4. Brühe in den Mixtopf geben, Mixtopfdeckel schließen, Varoma aufsetzen und 10 Min./Varoma/Stufe 2 dünsten.
5. Varoma abnehmen, Orzo-Pasta einwiegen, Varoma wieder aufsetzen und 11 Min./Varoma/Linkslauf/Stufe 0,5 fertig garen.
6. Brokkoli, Spargel und Erbsen aus dem Varoma mit Sahne, Salz und Pfeffer in den Mixtopf hinzufügen und 2 Min./95°C/Linkslauf/Sanftrührstufe vermischen.
7. Währenddessen Cherrytomaten waschen und abtrocknen.
8. Cherrytomaten vierteln und auf der Pasta verteilen. Nach Belieben mit Parmesan bestreut servieren.

Tipps und Variationen:

Orzo-Pasta sind kleine Nudeln in Reisgröße und werden häufig in der griechischen Küche eingesetzt. Sie sind auch als Kritharáki, Risoni oder Risi bekannt und aufgrund Größe und Geschmack bei Kindern sehr beliebt. In diesem Gericht können sie wahlweise durch 150 g Reis (Garzeit 10 Minuten) ersetzt werden.

Statt frischen Spargels eignet sich auch gekochter aus dem Glas. Diesen dann erst in Schritt 6 hinzufügen. Als Variation kann man den Spargel auch weglassen und das Gericht zum Beispiel nur mit Brokkoli oder nur mit Erbsen kochen.

Parmesan lässt sich durch andere Käsesorten ersetzen. Von Käse am Stück kann man auch einfach ca. 15 g in den Mixtopf geben, 5 Sek./Stufe 8 zerkleinern und umfüllen, bevor man mit dem Kochen beginnt.

* Garzeit und Saugfähigkeit der Nudeln können je nach Sorte variieren (bei Bedarf etwas mehr Brühe nachgießen). Durch die Verwendung einer geringeren Flüssigkeitsmenge im Mixtopf als beim Kochen von Nudeln normalerweise nötig ist, kann sich die Garzeit verlängern.
Falls die Nudeln sehr viel Flüssigkeit ziehen, können am Mixtopfboden leichte Anbrennreste zurückbleiben. Diese lassen sich aber problemlos mit den Tipps auf S. 12 entfernen.

Hähnchen-Paprika-Orzo-Pasta

ALL IN ONE

Gesamtkalorien: 812 kcal / 82,1 g KH / 69,2 g P / 21,9 g F

200 g Hähnchenfilet
Paprikapulver edelsüß
Salz und Pfeffer
½ rote Paprikaschote
1 Knoblauchzehe
1 EL Olivenöl
2 EL Tomatenmark
400 g Brühe, z. B. Geflügelbrühe
100 g Orzo-Nudeln (Garzeit ca. 10 Min.)*
1 TL Kurkuma
5 Cherrytomaten
50 g Feta

1. Ein Blatt Backpapier in der Größe des Varoma-Einlegebodens in Wasser tauchen und auswringen, danach einlegen. Immer darauf achten, dass die seitlichen Luftschlitze frei sind, damit der Dampf hochsteigen kann.
2. Hähnchenfilet abspülen, trockentupfen, in kleine Stücke schneiden, mit Paprikapulver, Salz und Pfeffer auf beiden Seiten würzen und auf das Backpapier geben.
3. Paprika waschen, entkernen, in Streifen oder Würfel schneiden und in den Varoma hinzufügen.
4. Knoblauch abziehen, in den Mixtopf geben 3 Sek./Stufe 5 hacken.
5. Olivenöl und Tomatenmark hinzufügen und 2 Min./Varoma/Stufe 1 andünsten.
6. Mit Brühe aufgießen, Mixtopfdeckel schließen, Varoma aufsetzen und 9 Min./Varoma/Stufe 2 dünsten.
7. Varoma abnehmen, Orzo-Pasta einwiegen, Varoma wieder aufsetzen und 11 Min./Varoma/Linkslauf/Stufe 0,5 garen.
8. Hähnchen und Paprika aus dem Varoma in den Mixtopf hinzufügen und 1 Min./100 °C/Linkslauf/Sanftrührstufe vermischen.
9. Mit Kurkuma und Salz abschmecken.
10. Cherrytomaten waschen, abtrocknen und in Stücke schneiden.
11. Feta zerbröseln und mit den Cherrytomaten über die Pasta geben.

Tipps und Variationen:

Orzo-Pasta sind kleine Nudeln in Reisgröße und werden häufig in der griechischen Küche eingesetzt. Sie sind auch als Kritharáki, Risoni oder Risi bekannt und aufgrund Größe und Geschmack bei Kindern sehr beliebt. In diesem Gericht kann man sie auch durch 125 g Reis (Garzeit 10 Minuten) ersetzen.
Statt Paprikaschoten eignen sich Cherrytomaten, Zucchini oder Erbsen.
Mit gehackten Kräutern servieren.

* Garzeit und Saugfähigkeit der Nudeln können je nach Sorte variieren (bei Bedarf etwas mehr Brühe nachgießen). Durch die Verwendung einer geringeren Flüssigkeitsmenge im Mixtopf als beim Kochen von Nudeln normalerweise nötig ist, kann sich die Garzeit verlängern.
Falls die Nudeln sehr viel Flüssigkeit ziehen, können am Mixtopfboden leichte Anbrennreste zurückbleiben. Diese lassen sich aber problemlos mit den Tipps auf S. 12 entfernen.

Bohnen-Käse-Makkaroni

ONE POT

Gesamtkalorien: 935 kcal / 104,8 g KH / 46,6 g P / 29,8 g F

vegetarisch

50 g Belugalinsen (schwarze Linsen)
200 g Wasser
3 Stängel Thymian
1 Schalotte oder ½ Zwiebel
1 Knoblauchzehe
1 EL Olivenöl
1 EL getrockneter Oregano
100 g rote Kidneybohnen aus der Dose
80 g Mais aus der Dose
400 g gehackte Tomaten aus der Dose
150 g Gemüsebrühe
1 EL Paprikapulver edelsüß
½ TL Salz
½ TL Pfeffer
½ EL Maisstärke, Speisestärke oder Mehl
60 g Dinkel-Vollkorn-Makkaroni (Garzeit ca. 10–12 Min.)*
50 g Cheddar

1. Linsen in den Gareinsatz geben, durchspülen und abtropfen lassen.
2. Wasser in den Mixtopf geben, Linsen vom Gareinsatz in den Mixtopf umfüllen und 10 Min./100 °C/Linkslauf/Sanftrührstufe vorgaren. Wieder in den Gareinsatz umfüllen und gut abtropfen lassen.
3. Thymian waschen, trockenschütteln und Blätter zweier Stängel abzupfen.
4. Schalotte und Knoblauch abziehen, Schalotte halbieren, in den Mixtopf geben, 3 Sek./Stufe 5 hacken.
5. Olivenöl, Thymianblätter und Oregano hinzufügen und 3 Min./Varoma/Linkslauf/Sanftrührstufe andünsten.
6. Linsen, Kidneybohnen, Mais, gehackte Tomaten mit Gemüsebrühe, Paprikapulver, Salz und Pfeffer sowie Maisstärke hinzufügen und 4 Min./100 °C/Linkslauf/Sanftrührstufe aufkochen.
7. Makkaroni einwiegen und 14 Min./100 °C/Linkslauf/Stufe 0,5 fertig kochen.
8. Cheddar in kleine Würfel schneiden und 15 Sek./Linkslauf/Sanftrührstufe untermischen.
9. Mit dem restlichen Thymian servieren.

Tipps und Variationen:

Die 50 g Belugalinsen kann man auch durch ca. 80 g Kidneybohnen aus der Dose ersetzen. Dadurch spart man auch die Vorgarzeit der Belugalinsen (Zubereitungsschritt 1 und 2).

* Garzeit und Saugfähigkeit der Nudeln können je nach Sorte variieren (bei Bedarf etwas mehr Brühe nachgießen). Durch die Verwendung einer geringeren Flüssigkeitsmenge im Mixtopf als beim Kochen von Nudeln normalerweise nötig ist, kann sich die Garzeit verlängern.
Falls die Nudeln sehr viel Flüssigkeit ziehen, können am Mixtopfboden leichte Anbrennreste zurückbleiben. Diese lassen sich aber problemlos mit den Tipps auf S. 12 entfernen.

Lachsnudeln

ONE POT

Gesamtkalorien: 832 kcal / 100,6 g KH / 40,6 g P / 28,9 g F

120 g tiefgefrorenes Lachsfilet
300 g Brühe, z. B. Gemüsebrühe
150 g Kochsahne (7 % Fett)
Salz und Pfeffer
130 g Hartweizennudeln, z. B. Tagliatelle (Garzeit ca. 8 Min.)*
1 EL Frischkäse, z. B. mit Kräutern

1. Lachsfilet in grobe Stücke schneiden (mindestens 3 cm Seitenlänge).
2. Brühe, Sahne, Salz und Pfeffer in den Mixtopf geben und 5 Min./100 °C/Stufe 1 aufkochen lassen.
3. Nudeln und Lachs hinzufügen und 10 Min./95 °C/Linkslauf/Sanftrührstufe garen.
4. Frischkäse hinzufügen und 1 Min./95 °C/Linkslauf/Sanftrührstufe fertig kochen.
5. Mit Salz und Pfeffer abschmecken.

Tipps und Variationen:

Schmeckt auch gut mit Frühlingszwiebeln und Cherrytomaten.

* Garzeit und Saugfähigkeit der Nudeln können je nach Sorte variieren (bei Bedarf etwas mehr Brühe nachgießen). Durch die Verwendung einer geringeren Flüssigkeitsmenge im Mixtopf als beim Kochen von Nudeln normalerweise nötig ist, kann sich die Garzeit verlängern.
Falls die Nudeln sehr viel Flüssigkeit ziehen, können am Mixtopfboden leichte Anbrennreste zurückbleiben. Diese lassen sich aber problemlos mit den Tipps auf S. 12 entfernen.

ONE POT MIT GNOCCHI

Fruchtige Tomatengnocchi

ONE POT
Gesamtkalorien: 617 kcal / 91,9 g KH / 17,5 g P / 19,3 g F
vegetarisch

1 kleine Zwiebel
2 Cocktailtomaten
1 TL Tomatenmark
1 EL Öl
400 g stückige Tomaten aus der Dose
Salz und Pfeffer
200 g Gnocchi (aus dem Kühlregal)
1 EL geriebener Käse, z. B. Emmentaler (optional)

1. Zwiebel abziehen, Tomaten waschen, jeweils halbieren und in den Mixtopf geben.
2. Tomatenmark und Öl hinzufügen und 3 Min./Varoma/Stufe 1 andünsten.
3. Stückige Tomaten einwiegen, Salz und Pfeffer hinzufügen. 6 Min./100 °C/Linkslauf/Stufe 1 köcheln lassen.
4. Gnocchi einwiegen und dann 5 Min./100 °C/Linkslauf/Sanftrührstufe erwärmen.
5. Nochmals mit Salz und Pfeffer abschmecken und nach Belieben mit Käse bestreuen.

Tipps und Variationen:

Mit frischem Basilikum garnieren oder in der Tomatensauce gehackte Kräuter mitköcheln lassen.

Gnocchi in Kürbissauce

ONE POT

Gesamtkalorien: 675 kcal / 105,2 g KH / 16,3 g P / 22,6 g F

vegetarisch

350 g Hokkaido-Kürbis
1 TL Butter
180 g Wasser
½–1 TL Gemüsebrühepulver
200 g Gnocchi (aus dem Kühlregal)
Salz und Pfeffer
1 EL geriebener Käse, z. B. Emmentaler (optional)

1. Kürbis waschen, aushöhlen und das feste Fruchtfleisch in grobe Stücke schneiden.
2. Kürbis in den Mixtopf geben, Butter hinzufügen und 5 Min./Varoma/Stufe 0,5 andünsten.
3. Wasser und Gemüsebrühepulver hinzufügen und 12 Min./100 °C/Stufe 1 garen. Danach 5–10 Sek./Stufe 2–7 aufsteigend pürieren (je nach gewünschter Konsistenz etwas kürzer, falls die Sauce stückiger bleiben soll).
4. Gnocchi einwiegen und dann 5 Min./100 °C/Linkslauf/Sanftrührstufe erwärmen.
5. Vor dem Servieren mit Salz und Pfeffer abschmecken. Nach Belieben mit Käse bestreuen.

Tipps und Variationen:

Die Schale des Hokkaido-Kürbisses kann mitverzehrt werden, man muss ihn also nicht schälen.

Gnocchi mit Spinatsauce

ONE POT

Gesamtkalorien: 820 kcal / 71,7 g KH / 30,2 g P / 44,8 g F

1 Knoblauchzehe
1 EL Olivenöl
100 g gewürfelter Bauchspeck
250 g Gemüsebrühe
250 g tiefgefrorener Rahmspinat
Salz und Pfeffer
200 g Gnocchi (aus dem Kühlregal)
1 Stängel Basilikum (optional)

1. Knoblauch abziehen, in den Mixtopf geben und 2 Sek./Stufe 5 hacken.
2. Öl und Speck hinzufügen und 3 Min./Varoma/Linkslauf/Stufe 1 andünsten. 1 EL dieser Mischung bei Bedarf zum Garnieren zurücklegen.
3. Gemüsebrühe und Rahmspinat (etwas angetaut in groben Stücken) hinzufügen und 10 Min./100 °C/Linkslauf/Stufe 1 köcheln lassen. Mit Salz und Pfeffer abschmecken.
4. Gnocchi einwiegen und dann 5 Min./100 °C/Linkslauf/Sanftrührstufe erwärmen.
5. Basilikum waschen, trockenschütteln, Blätter abzupfen. Die Gnocchi nach Belieben mit Basilikumblättern und restlichem Speck servieren.

Tipps und Variationen:

Anstatt Bauchspeck kann man gewürfelten Schinken verwenden.

ONE POT UND ALL IN ONE MIT KARTOFFELN, KAROTTEN UND KÜRBIS

Kürbis-Tomaten-Curry

ONE POT

Gesamtkalorien: 640 kcal / 48,5 g KH / 37,4 g P / 31,1 g F

glutenfrei

1 TL Öl, z. B. Olivenöl
120 g Hackfleisch, z. B. Schwein/Rind gemischt
150 g Hokkaido-Kürbis
100 g gekochte Kichererbsen aus der Dose
250 g passierte Tomaten
50 g Kokosmilch, z. B. light
½ TL Gemüsebrühepulver
Salz und Pfeffer

1. Öl zusammen mit Hackfleisch in den Mixtopf geben und 3 Min./Varoma/Linkslauf/Sanftrührstufe andünsten.
2. Kürbis waschen, aushöhlen und das feste Fruchtfleisch in grobe Würfel schneiden. In den Mixtopf hinzufügen und 5 Min./Varoma/Linkslauf/Sanftrührstufe dünsten.
3. Kichererbsen, passierte Tomaten, Kokosmilch und Gemüsebrühepulver hinzufügen und 15 Min./100 °C/Linkslauf/Sanftrührstufe fertig garen.
4. Mit Salz und Pfeffer abschmecken und servieren.

Tipps und Variationen:

Die Schale des Hokkaido-Kürbisses kann mitverzehrt werden, man muss ihn also nicht schälen.

Kartoffeln mit Karotten-Hackfleisch-Bolognese

ONE POT

Gesamtkalorien: 751 kcal / 71,3 g KH / 40,1 g P / 29,9 g F
glutenfrei

- 1 Schalotte oder ½ Zwiebel
- 1 Karotte (ca. 80-100 g)
- 1 TL Öl, z .B. Rapsöl
- 1 EL Tomatenmark
- 150 g Hackfleisch, z. B. Schwein/Rind gemischt
- 200 g Gemüsebrühe
- 100 g passierte Tomaten
- Salz und Pfeffer
- 350 g festkochende Kartoffeln

1. Schalotte abziehen und in den Mixtopf geben, 3 Sek./Stufe 5 zerkleinern.
2. Karotte schälen und entweder in sehr kleine Würfel schneiden oder zu den Zwiebeln in den Mixtopf geben und 3 Sek./Stufe 5 klein hacken.
3. Öl und Tomatenmark hinzufügen, Hackfleisch einwiegen und 5 Min./Varoma/Linkslauf/Sanftrührstufe andünsten.
4. Brühe, passierte Tomaten, Salz und Pfeffer in den Mixtopf geben und 5 Min./100 °C/Linkslauf/Stufe 1 aufkochen.
5. Kartoffeln waschen, schälen und in sehr grobe Würfel schneiden (ca. 3 cm Seitenlänge), danach in den Mixtopf hinzufügen und 25–30 Min./100 °C/Linkslauf/Sanftrührstufe fertig garen.
6. Mit Salz und Pfeffer abschmecken.

Tipps und Variationen:

Mit frisch gehacktem Schnittlauch bestreuen.
Anstatt Kartoffeln kann man auch andere Gemüsesorten wie Kohlrabi oder Süßkartoffeln verwenden oder die Karotten durch Paprika ersetzen.

Blumenkohl-Kartoffel-Topf

ALL IN ONE

Gesamtkalorien: 463 kcal / 64,7 g KH / 17,8 g P / 9,3 g F

vegetarisch, glutenfrei

300 g Kartoffeln
300 g Blumenkohl
1 kleine Zwiebel
1 TL Öl, z. B. Olivenöl
400 g Gemüsebrühe
300 g gehackte Tomaten aus der Dose
1 EL Schmand oder Joghurt
Salz und Pfeffer
Paprikapulver edelsüß

1. Kartoffeln waschen, schälen und in Würfel schneiden. Blumenkohl waschen, putzen und in kleine Röschen schneiden. Alles im Varoma und Varoma-Einlegeboden verteilen.
2. Zwiebel abziehen, halbieren und in den Mixtopf geben. 5 Sek./Stufe 5 hacken.
3. Öl hinzufügen und 3 Min./Varoma/Stufe 1 andünsten.
4. Brühe in den Mixtopf zu den Zwiebeln füllen, Mixtopfdeckel schließen und Varoma aufsetzen. Dann 15 Min./Varoma/Stufe 2 garen.
5. Varoma absetzen, 200 g Brühe auffangen, den Rest weggießen.
6. Die Brühe zusammen mit den Tomaten in den Mixtopf geben, das gedünstete Gemüse aus dem Varoma hinzufügen. Dann 5 Min./100 °C /Linkslauf/Sanftrührstufe köcheln lassen.
7. Schmand hinzufügen und 1 Min./80 °C/Linkslauf/Sanftrührstufe unterrühren.
8. Vor dem Servieren nach Belieben mit den Gewürzen abschmecken.

Tipps und Variationen:

Mit frischen Kräutern bestreuen.
Statt Kartoffeln schmecken auch Süßkartoffeln.

Kartoffel-Karotten-Pot

ALL IN ONE

Gesamtkalorien: 445 kcal / 69,5 g KH / 10,2 g P / 9,6 g F
vegetarisch, glutenfrei

300 g Kartoffeln
250 Karotten
½ rote Paprikaschote
1 Schalotte oder ½ Zwiebel
1 TL Öl, z. B. Olivenöl
500 g Gemüsebrühe
Salz und Pfeffer
1 EL Sahne-Schmelzkäse (optional)

1. Kartoffeln und Karotten waschen, schälen und in Würfel schneiden. Paprika waschen, entkernen und in kleine Stücke schneiden. Alles im Varoma und Varoma-Einlegeboden verteilen.
2. Schalotte abziehen, halbieren und in den Mixtopf geben. 5 Sek./Stufe 5 hacken.
3. Öl hinzufügen und 3 Min./Varoma/Stufe 1 andünsten.
4. Brühe in den Mixtopf zu den Zwiebeln füllen, Mixtopfdeckel schließen und Varoma aufsetzen. Dann 15 Min./Varoma/Stufe 2 garen.
5. Varoma absetzen, 150 g Brühe auffangen, den Rest weggießen.
6. 150 g Brühe zusammen mit dem gedünsteten Gemüse aus dem Varoma in den Mixtopf geben. Dann mit Salz und Pfeffer abschmecken, nach Belieben Schmelzkäse hinzufügen und 3 Min./100 °C/Linkslauf/Sanftrührstufe fertig köcheln lassen.

Tipps und Variationen:

Das Gemüse kann man beliebig variieren, zum Beispiel mit Kohlrabi, Süßkartoffeln oder Sellerie. Je nach Größe der Gemüsewürfel und gewünschter Bissfestigkeit die Garzeit im Varoma noch etwas verlängern.

Kartoffelragout

ONE POT

Gesamtkalorien: 510 kcal / 85,3 g KH / 16,9 g P / 7,8 g F

vegetarisch/glutenfrei

440 g Kartoffeln
300 g Zucchini
1 Tomate
1-2 Stängel Petersilie
1 Schalotte oder ½ Zwiebel
1 TL Öl, z. B. Olivenöl
400 g Gemüsebrühe
1 EL Tomatenmark
1 EL saure Sahne
Salz und Pfeffer

1. Kartoffeln waschen, schälen und in grobe Würfel schneiden.
2. Zucchini waschen, abtrocknen und in grobe Stücke schneiden.
3. Tomate waschen, Strunk entfernen und klein würfeln.
4. Petersilie waschen und trockenschütteln. Schalotte abziehen und halbieren. Beides in den Mixtopf geben und 5 Sek./Stufe 6 zerkleinern. Dann Öl hinzufügen und 3 Min./Varoma/Stufe 1 andünsten.
5. Gemüsestücke, Gemüsebrühe und Tomatenmark hinzufügen und 18 Min./100 °C/Linkslauf/Sanftrührstufe fertig garen.
6. Mit Salz und Pfeffer abschmecken. Kurz abkühlen lassen. Saure Sahne hinzufügen und 30 Sek./Linkslauf/Sanftrührstufe unterrühren. (Wenn das Gericht zu heiß ist, flockt die saure Sahne aus!)

Tipps und Variationen:

Um ein Ausflocken der sauren Sahne zu verhindern, kann man sie mit 2–3 EL Kochflüssigkeit verrühren und dann erst unter das Gericht mischen.
Statt Kartoffeln schmecken auch Süßkartoffeln.

Wirsingeintopf mit Kartoffeln

ALL IN ONE

Gesamtkalorien: 685 kcal / 75,3 g KH / 29,2 g P / 24,9 g F

glutenfrei

375 g Kartoffeln
1 Karotte
200 g Wirsing
1 Schalotte
1 TL Öl oder Butterschmalz
450 g Gemüsebrühe
50 g gewürfelter Katenschinken
75 g Schmand
Salz und Pfeffer

1. Kartoffeln und Karotten waschen, schälen und würfeln. Wirsing waschen, Strunk entfernen und in kleine Stücke schneiden. Alles in Varoma und Varoma-Einlegeboden verteilen.
2. Schalotte abziehen und halbieren, in den Mixtopf geben und 5 Sek./Stufe 5 hacken.
3. Öl hinzufügen und 3 Min./Varoma/Stufe 1 andünsten.
4. Brühe in den Mixtopf hinzufügen, Mixtopfdeckel schließen und Varoma mit Inhalt aufsetzen. 20 Min./Varoma/Stufe 2 garen. Je nach gewünschter Bissfestigkeit Garzeit um 5 Min. verlängern.
5. Varoma absetzen. Kartoffeln, Karotten und Wirsing zusammen mit dem Katenschinken zur Restflüssigkeit in den Mixtopf geben und 5 Min./70 °C/Linkslauf/Sanftrührstufe vermengen. In der letzten Minute den Schmand durch die Mixtopföffnung geben.
6. Mit Salz und Pfeffer abschmecken.

Tipps und Variationen:

Anstatt Wirsing kann man Weißkohl verwenden.

Kürbiscurry

ONE POT

Gesamtkalorien: 642 kcal / 68 g KH / 15,3 g P / 30,9 g F
vegan/glutenfrei

- 350 g Hokkaido-Kürbis
- 100 g rote Paprikaschote
- 150 g gekochte Kichererbsen aus der Dose
- 1 TL Öl, z. B. Kokosöl
- 200 g Wasser
- 100 g Kokosmilch, z. B. light
- ½ TL Gemüsebrühepulver
- 1 TL gelbe Currypaste
- Salz und Pfeffer
- 1 EL Limettensaft (optional)

1. Kürbis waschen, aushöhlen und das feste Fruchtfleisch in grobe Würfel schneiden.
2. Paprika waschen, entkernen und in Stücke schneiden.
3. Kürbis und Paprika mit Öl in den Mixtopf geben und 5 Min./Varoma/Linkslauf/Sanftrührstufe andünsten.
4. Restliche Zutaten bis auf den Limettensaft hinzufügen und 15 Min./100 °C/Linkslauf/Sanftrührstufe garen.
5. Zum Schluss mit Salz, Pfeffer und nach Belieben mit Limettensaft abschmecken.

Tipps und Variationen:

Die Schale des Hokkaido-Kürbisses kann mitverzehrt werden, man muss ihn also nicht schälen. Der Kürbis lässt sich durch Süßkartoffeln oder Kartoffeln ersetzen. Statt der Currypaste eignet sich auch Tomatenmark.

Süßkartoffel-Linsen-Topf

ALL IN ONE

Gesamtkalorien: 753 kcal / 122 g KH / 32,3 g P / 11,4 g F

vegan/glutenfrei

100 g Belugalinsen
1 mittelgroße Süßkartoffel (380 g)
1 Schalotte oder ½ Zwiebel
1 Stück Ingwer, ca. 1 cm (optional)
1 EL Olivenöl
450 g Gemüsebrühe
½ TL Salz
½ TL Pfeffer
1 ½ TL Kurkuma
1 TL getrocknetes Basilikum
50 g Babyspinat

1. Linsen in den Gareinsatz geben, durchspülen und abtropfen lassen.
2. Süßkartoffel waschen, schälen, in Würfel schneiden und in Varoma und Varoma-Einlegeboden verteilen.
3. Schalotte abziehen und halbieren, Ingwer schälen, beides in den Mixtopf geben. 5 Sek./Stufe 5 hacken.
4. Öl hinzufügen und 3 Min./Varoma/Stufe 1 andünsten.
5. Brühe mit Salz und Pfeffer, 1 TL Kurkuma und Basilikum in den Mixtopf hinzufügen, Linsen vom Gareinsatz in den Mixtopf umfüllen, Mixtopfdeckel schließen und Varoma mit Süßkartoffel aufsetzen. 20 Min./Varoma/Linkslauf/Sanftrührstufe garen.
6. 50 g Brühe auffangen, den Rest weggießen. Linsen wieder in den Gareinsatz umfüllen und gut abtropfen lassen.
7. Babyspinat waschen und abtropfen lassen.
8. Süßkartoffel, Linsen und Babyspinat in den Mixtopf füllen. Gemüsebrühe hinzufügen und nochmals mit Salz, Pfeffer und Kurkuma abschmecken.
5 Min./100 °C/Linkslauf/Sanftrührstufe fertig garen.

Tipps und Variationen:

Rote Linsen anstatt Belugalinsen verwenden. Ingwer und Blattspinat können weggelassen und die Süßkartoffel durch Kartoffeln ersetzt werden. Die Belugalinsen lassen sich durch ca. 150 g Kidneybohnen aus der Dose ersetzen. Dadurch spart man auch die Vorgarzeit der Beluga-Linsen (Zubereitungsschritt 1 und 5).

Quinoa-Süßkartoffel-Mix

ONE POT

Gesamtkalorien: 756 kcal / 129,5 g KH / 22,4 g P / 14,8 g F
vegan/glutenfrei

100 g Quinoa
1 mittelgroße Süßkartoffel (320 g)
2 Stängel Thymian
1 Schalotte oder ½ Zwiebel
1 EL Olivenöl
1 Tomate (ca. 160 g)
1000 g Gemüsebrühe
½ TL Salz
½ TL Pfeffer
½ EL getrocknete Petersilie

1. Quinoa in den Gareinsatz geben, durchspülen und abtropfen lassen.
2. Süßkartoffel waschen, schälen und in Würfel schneiden.
3. Thymian waschen und trockenschütteln.
4. Schalotte abziehen, halbieren und zusammen mit 1 Stängel Thymian in den Mixtopf geben. 5 Sek./Stufe 5 hacken.
5. Öl hinzufügen und 3 Min./Varoma/Stufe 1 andünsten.
6. Tomate waschen, Strunk entfernen und würfelig schneiden.
7. Brühe, Salz, Pfeffer und Petersilie in den Mixtopf hinzufügen, Gareinsatz mit Quinoa einsetzen, Süßkartoffelwürfel und Tomatenstücke in den Gareinsatz hinzugeben und alles 20 Min./100 °C/Stufe 3 köcheln lassen.
8. Gareinsatz herausnehmen, Gemüsebrühe aus dem Mixtopf gießen und 150 g davon auffangen.
9. 150 g der Garflüssigkeit mit dem Inhalt des Gareinsatzes in den Mixtopf umfüllen und 5 Min. quellen lassen.
10. Danach nochmals mit Salz und Pfeffer abschmecken. Mit dem restlichen Thymianstängel servieren.

Tipps und Variationen:

Thymian lässt sich durch Petersilie oder andere Kräuter ersetzen; sie können aber auch ganz weggelassen werden.
Karotten anstatt Süßkartoffel verwenden.

Kürbis-Hackfleisch-Topf

ONE POT

Gesamtkalorien: 572 kcal / 48,4 g KH / 32,3 g P / 26,4 g F

glutenfrei

1 Schalotte
1 TL Öl, z. B. Rapsöl
120 g Hackfleisch, z. B. Schwein/Rind gemischt
½ Paprikaschote, z. B. rot
250 g Hokkaido-Kürbis
Salz und Pfeffer
200 g passierte Tomaten

1. Schalotte abziehen und halbieren, in den Mixtopf geben, 3 Sek./Stufe 5 hacken.
2. Öl hinzufügen und 3 Min./Varoma/Rührstufe andünsten.
3. Hackfleisch einwiegen und 5 Min./Varoma/Linkslauf/Sanftrührstufe weiterdünsten.
4. In der Zwischenzeit Paprika waschen, entkernen und in Stücke schneiden. Kürbis waschen, aushöhlen und das feste Fruchtfleisch in grobe Würfel schneiden.
5. Paprika, Kürbis und passierte Tomaten in den Mixtopf hinzufügen und 15 Min./100 °C/Linkslauf/Sanftrührstufe fertig köcheln lassen.
6. Mit Salz und Pfeffer abschmecken.

Tipps und Variationen:

Die Schale des Hokkaido-Kürbisses kann mitverzehrt werden, man muss ihn also nicht schälen. Anstatt Kürbis eignen sich auch Kartoffeln, dann entsteht ein leckerer »Bauerntopf«.

ONE POT UND ALL IN ONE MIT GEMÜSEALLERLEI

Cremiges Kohlrabigemüse

ALL IN ONE

Gesamtkalorien: 437 kcal / 37,2 g KH / 18 g P / 21,8 g F

vegetarisch

600 g Kohlrabi
1-2 Stängel Petersilie
450 g Gemüsebrühe
1 EL Mehl
1 TL Butter
50 g Frischkäse
Salz und Pfeffer

1. Kohlrabi waschen, schälen und in Würfel schneiden, danach in Varoma und Varoma-Einlegeboden verteilen.
2. Petersilie waschen, trockenschütteln und kleiner zupfen. Trockenen Mixtopf einsetzen und das Messer 5 Sek./Stufe 6 laufen lassen. Die Petersilie durch die Mixtopföffnung einrieseln lassen und zerkleinern.
3. Gemüsebrühe in den Mixtopf hinzuwiegen. Mixtopfdeckel schließen und Varoma aufsetzen. Kohlrabistücke 20 Min./Varoma/Stufe 2 garen.
4. Varoma absetzen, Mehl, Butter und Frischkäse zum Garwasser hinzufügen und 10 Sek./Stufe 8 pürieren, dann 5 Min./90 °C/Stufe 1 aufkochen. Mit Salz und Pfeffer abschmecken.
5. Kohlrabistücke zur Sauce geben und 1 Min./90 °C/Linkslauf/Sanftrührstufe vermischen.

Wikingertopf mit Erbsen und Karotten

ALL IN ONE

Gesamtkalorien: 795 kcal / 35,3 g KH / 49,6 g P / 44,4 g F

150 g Hackfleisch, z. B. Schwein/Rind gemischt
1 Ei
20 g Semmelbrösel
Salz und Pfeffer
1 EL frisch gehackte oder tiefgefrorene Petersilie
150 g Karotten
150 g tiefgefrorene Erbsen
200 g Suppengrün nach Belieben, z. B. Karotte, Sellerie, Porree, Steckrübe
1 Schalotte
1 TL Öl oder Butterschmalz
500 g Gemüsebrühe
30 g Kochsahne (7 % Fett) oder Sahne (optional)

1. Hackfleisch mit Ei, Semmelbröseln, Salz, Pfeffer und Petersilie in den Mixtopf geben und 1 Min./Knetmodus vermengen. Hackfleischteig zu Bällchen (Durchmesser ca. 3–4 cm) formen und im Varoma-Einlegeboden verteilen.
2. Mixtopf säubern.
3. Karotten waschen, schälen und in kleine Stücke schneiden. Zusammen mit den Erbsen in Varoma und Varoma-Einlegeboden verteilen.
4. Suppengrün waschen, schälen und würfeln.
5. Schalotte abziehen und halbieren, in den Mixtopf geben und 5 Sek./Stufe 5 hacken.
6. Suppengrünstücke und Öl hinzufügen und 3 Min./Varoma/Linkslauf/Sanftrührstufe andünsten.
7. Gemüsebrühe hinzufügen, Mixtopfdeckel verschließen, Varoma mit Inhalt aufsetzen und 25 Min./Varoma/Linkslauf/Sanftrührstufe garen.
8. Gemüse aus Varoma nach Belieben mit der Kochsahne in den Mixtopf hinzufügen und 3 Min./70 °C/Linkslauf/Sanftrührstufe vermengen.
9. Mit Salz und Pfeffer abschmecken und die Hackbällchen mit dem Spatel einrühren.

Tipps und Variationen:

Mit frisch gehackten Kräutern bestreuen.
Anstatt Suppengrün kann man auch eine Mischung aus 200 g Kartoffeln und 1 Stange Porree verwenden.

Puten-Champignon-Gulasch

ALL IN ONE

Gesamtkalorien: 640 kcal / 48,5 g KH / 37,4 g P / 31,1 g F

glutenfrei

450 g Champignons
180 g Putenbrustfilet
200 g Suppengrün nach Belieben, z. B. Karotte, Sellerie, Porree, Steckrübe
1 Schalotte
1 TL Fett zum Erhitzen, z. B. Öl oder Schmalz
500 g Gemüsebrühe oder Wasser
75 g Sahne oder Milch
Salz und Pfeffer
Paprikapulver

1. Champignons säubern und in Viertel oder Scheiben schneiden.
2. Putenbrustfilet abspülen, trockentupfen und in kleine Stücke schneiden.
3. Champignons und Putenbrustfiletstücke in Varoma und Varoma-Einlegeboden verteilen.
4. Suppengrün waschen, schälen und würfeln.
5. Schalotte abziehen und halbieren, in den Mixtopf geben und 5 Sek./Stufe 5 hacken.
6. Suppengrünwürfel und Öl hinzufügen und 3 Min./Varoma/Linkslauf/Sanftrührstufe andünsten.
7. Gemüsebrühe hinzufügen, Mixtopfdeckel verschließen, Varoma mit Inhalt aufsetzen und 15 Min./Varoma/Linkslauf/Sanftrührstufe garen.
8. Champignons und Putenbruststücke zur Brühe in den Mixtopf geben, Sahne hinzufügen und mit Salz, Pfeffer oder Paprikapulver abschmecken, 5 Min./80 °C/Linkslauf/Sanftrührstufe vermengen.

Tipps und Variationen:

Hähnchen anstatt Putenfleisch verwenden und Kokosmilch statt Sahne.

Zucchininudeln mit Bolognese-Sauce

ALL IN ONE

Gesamtkalorien: 619 kcal / 21,4 g KH / 44,3 g P / 36,5 g F

glutenfrei

350 g Zucchini
1 Schalotte oder ½ Zwiebel
1 TL Öl, z. B. Olivenöl
1 TL Tomatenmark
180 g Hackfleisch, z. B. Schwein/Rind gemischt
250 g gehackte Tomaten
150 g Brühe, z. B. Fleisch- oder Gemüsebrühe
Salz und Pfeffer
Paprika edelsüß (optional)
Getrockneter Oregano

1. Zucchini waschen, abtrocknen und mit einem Sparschäler oder Spiralschneider zu Gemüsenudeln schneiden. In Varoma und Varoma-Einlegeboden verteilen.
2. Schalotte abziehen, halbieren, in den Mixtopf geben und 3 Sek./Stufe 5 hacken.
3. Öl und Tomatenmark hinzufügen und 3 Min./Varoma/Stufe 1 andünsten.
4. Hackfleisch hinzufügen und 5 Min./Varoma/Linkslauf/Sanftrührstufe dünsten.
5. Gehackte Tomaten, Brühe, Gewürze und Oregano hinzufügen. Mixtopfdeckel verschließen, Varoma mit Inhalt aufsetzen und 10 Min./Varoma/Linkslauf/Sanftrührstufe garen.
6. Die Zucchininudeln auf Tellern anrichten und die Sauce darübergeben.

Tipps und Variationen:

Die Zucchininudeln sind noch leicht bissfest. Man kann auch nur die Bolognese-Sauce kochen und rohe Gemüsenudeln dazu servieren.
Gemüsenudeln lassen sich ebenso aus Karotten und Kohlrabi herstellen.

Blumenkohltopf

ONE POT

Gesamtkalorien: 311 kcal / 20,9 g KH / 14,9 g P / 14,6 g F

vegetarisch/glutenfrei

- 2 Stängel Petersilie
- 1 Blumenkohl (ca. 400-500 g)
- 1 Karotte (ca. 50 g)
- 1 Stück Zucchini oder Gurke (ca. 10 cm)
- 1 TL Butter
- 2 EL Gemüsebrühe
- Salz und Pfeffer

1. Petersilie waschen, trockenschütteln und kleiner zupfen. Trockenen Mixtopf einsetzen und das Messer 5 Sek./Stufe 6 laufen lassen. Die Petersilie durch die Mixtopföffnung einrieseln lassen und zerkleinern.
2. Blumenkohl waschen, putzen, in kleine Röschen schneiden und in den Mixtopf geben.
3. Karotte und Zucchini waschen, wenn gewünscht schälen, in grobe Stücke schneiden, in den Mixtopf hinzufügen und alles 5 Sek./Stufe 5 zerkleinern. Evtl. mit dem Spatel nach unten schieben und so lange wiederholen, bis das Gemüse zu kleinen Stückchen gehackt wurde.
4. Butter hinzufügen und 5 Min./Varoma/Linkslauf/Sanftrührstufe andünsten.
5. Gemüsebrühe hinzufügen und 5 Min./Varoma/Linkslauf/Sanftrührstufe fertig garen.
6. Mit Salz und Pfeffer abschmecken.

Tipps und Variationen:

Milch oder Sahne anstatt Gemüsebrühe verwenden.

Paprikagulasch

ONE POT

Gesamtkalorien: 546 kcal / 44 g KH / 41,6 g P / 17,5 g F

glutenfrei

200 g Gulasch von Schwein oder Rind
1-2 Zwiebeln (ca. 120 g)
1 TL Öl
2 rote Paprikaschoten (ca. 250 g)
400 g gehackte Tomaten aus der Dose
150 g Brühe, z. B. Fleischbrühe
¼ TL Fleischbrühepulver
Salz und Pfeffer
Paprikapulver edelsüß

1. Gulasch durchspülen und abtropfen lassen.
2. Zwiebeln abziehen, vierteln und die einzelnen Zwiebelschichten voneinander trennen.
3. Öl in den Mixtopf geben, Gulasch und Zwiebeln hinzufügen und 6 Min./Varoma/Linkslauf/Sanftrührstufe andünsten.
4. In der Zwischenzeit Paprika waschen, Kerngehäuse entfernen und in breite Streifen schneiden.
5. Paprika in den Mixtopf hinzufügen und 5 Min./Varoma/Linkslauf/Sanftrührstufe mitdünsten.
6. Gehackte Tomaten, Brühe und Brühepulver einfüllen und 25 Min./100 °C/Linkslauf/Sanftrührstufe garen.
7. Mit Salz, Pfeffer und Paprikapulver abschmecken und genießen.

Tipps und Variationen:

Mit frisch gehackten Kräutern bestreuen.

Omelette mit Paprikastückchen

ALL IN ONE

Gesamtkalorien: 277 kcal / 9,5 g KH / 22,1 g P / 16,1 g F

vegetarisch/glutenfrei

120 g gemischte Paprikaschoten, z. B. rot, gelb und grün (jeweils 40 g)
3 Eier
50 g Milch
Salz und Pfeffer
Gewürze nach Belieben
500 g Wasser

1. Paprika waschen, entkernen und würfeln (oder in groben Stücken in den Mixtopf geben und 5 Sek./Stufe 5 hacken und dann umfüllen).
2. Eier und Milch mit den Gewürzen in den Mixtopf geben und 15 Sek./Stufe 5 verquirlen.
3. Paprikastücke hinzufügen und 15 Sek./Linkslauf/Stufe 0,5 vermischen.
4. 1 Blatt Backpapier in der Größe des Varoma-Einlegebodens mit ca. 2 cm Rand in Wasser tauchen und auswringen, danach einlegen. Immer darauf achten, dass die seitlichen Luftschlitze frei sind, damit der Dampf hochsteigen kann. Das Backpapier sollte hochgeklappt werden, damit das Ei nicht überlaufen kann.
5. Eiermasse auf das Backpapier gießen.
6. Mixtopf spülen.
7. Wasser in den Mixtopf einwiegen, Mixtopfdeckel schließen, Varoma aufsetzen und 20 Min./Varoma/Stufe 2 garen.

Tipps und Variationen:

Anstatt Paprika kann man auch jeweils 60 g Schinken und Champignons, Paprika und Zucchini oder andere Gemüsekombis nach Belieben verwenden.

Gefüllte Halloween-Paprika

ALL IN ONE

Pro Portion: 604 kcal / 26,5 g KH / 35,9 g F / 35,1 g P

glutenfrei

2 Paprikaschoten, z. B. gelb oder rot
1 Schalotte oder ½ Zwiebel
120 g Hackfleisch, z. B. Schwein/Rind gemischt
1 TL Öl
15 g geriebener Parmesan oder Käse nach Wahl
1 TL mittelscharfer Senf
3 EL Tomatenmark
Salz und Pfeffer
Paprikapulver edelsüß
600 g Gemüsebrühe
½ TL Butter

1. Paprikaschoten waschen, abtrocknen, Deckel abschneiden und vorsichtig entkernen, dann die Halloween-Gesichter einschneiden.
2. Schalotte abziehen und halbieren, in den Mixtopf geben und 3 Sek./Stufe 5 zerkleinern.
3. Hackfleisch und Öl hinzufügen und 5 Min./Varoma/Linkslauf/Sanftrührstufe andünsten.
4. Parmesan, Senf und 1 EL Tomatenmark hinzugeben und mit Salz, Pfeffer und Paprikapulver würzen, 1 Min./Knetmodus vermischen. Die Füllung in die Paprikaschoten geben und in den Varoma setzen.
5. Gemüsebrühe in den Mixtopf füllen, Varoma aufsetzen und 30 Min./Varoma/Stufe 2 garen. Varoma absetzen, Gemüsebrühe aus dem Mixtopf gießen und 150 g davon auffangen.
6. Die Garflüssigkeit, 2 TL Tomatenmark, Butter, Salz und Pfeffer in den Mixtopf geben und 1 Min./Varoma/Stufe 2 aufkochen.
7. Gruselige Halloween-Paprika mit »blutiger« Tomatensauce übergießen.

ONE POT UND ALL IN ONE MIT REIS, GETREIDE UND CO.

Hawaii-Reis

ONE POT

Gesamtkalorien: 728 kcal / 108,3 g KH / 22 g P / 22,4 g F

glutenfrei

100 g Ananasscheiben aus der Dose
100 g Sud der Ananasscheiben
80 g gekochter Schinken
1 TL Butter
250 g Brühe, z. B. Gemüsebrühe
Salz und Pfeffer
125 g Reis (Garzeit ca. 10 Min.)*

1. Ananasscheiben abseihen, den Sud auffangen, Scheiben in Stücke schneiden.
2. Schinken klein würfeln.
3. Butter mit Schinkenwürfeln und Ananasstücken in den Mixtopf geben und 4 Min./Varoma/Linkslauf/Sanftrührstufe andünsten.
4. Brühe, Salz und Ananassud in den Mixtopf geben, Reis einwiegen und 12 Min./100 °C/Linkslauf/Sanftrührstufe kochen.
5. Noch ca. 3 Min. im Mixtopf nachquellen lassen, dann mit Salz und Pfeffer abschmecken und servieren.

* Garzeit und Saugfähigkeit von Reis können produktabhängig variieren (bei Bedarf etwas mehr Brühe nachgießen). Durch die Verwendung einer geringeren Flüssigkeitsmenge im Mixtopf als beim Kochen von Reis normalerweise nötig ist, kann sich die Garzeit verlängern.

Tomatenrisotto

ONE POT

Gesamtkalorien: 544 kcal / 91,4 g KH / 14,2 g P / 13,8 g F

vegetarisch/glutenfrei

1 Schalotte oder ½ Zwiebel
1 Cherrytomate
1 TL Öl
1 EL Tomatenmark
100 g passierte Tomaten
250 g Gemüsebrühe
Salz und Pfeffer
100 g Risottoreis (Garzeit. ca. 20-25 Min.)*
1 EL geriebener Parmesan oder Käse nach Wahl

1. Schalotte abziehen, Cherrytomate waschen und abtrocknen, alles in den Mixtopf geben und 5 Sek./Stufe 5 klein hacken.
2. Öl in den Mixtopf hinzugeben und Tomaten- und Zwiebelstücke 3 Min./Varoma/Sanftrührstufe andünsten.
3. Dann Tomatenmark, passierte Tomaten und Brühe mit Salz und Pfeffer hinzufügen und 5 Sek./Stufe 4 vermischen.
4. Risottoreis einwiegen und 25 Min./95 °C/Linkslauf/Sanftrührstufe fertig kochen.
5. Parmesan in der letzten Kochminute durch die Mixtopföffnung einrieseln lassen.
6. Noch ca. 3 Min. im Mixtopf nachquellen lassen. Nochmals abschmecken und servieren.

Tipps und Variationen:

Als »Marienkäfer« mit Salatblättern anrichten: Formen Sie das Tomatenrisotto mithilfe eines runden Gefäßes (Ränder am besten vorher einfetten!) wie den Körper eines Marienkäfers. Mit Oliven, Paprika oder anderem Gemüse können die Konturen, Punkte, Augen und Beine des Marienkäfers gestaltet werden.

Parmesan lässt sich durch andere Käsesorten ersetzen. Von Käse am Stück kann man auch einfach ca. 15 g in den Mixtopf geben, 5 Sek./Stufe 8 zerkleinern und umfüllen, bevor man mit dem Kochen beginnt.

* Garzeit und Saugfähigkeit von Reis können produktabhängig variieren (bei Bedarf etwas mehr Brühe nachgießen). Durch die Verwendung einer geringeren Flüssigkeitsmenge im Mixtopf als beim Kochen von Reis normalerweise nötig ist, kann sich die Garzeit verlängern.

Zucchinirisotto

ONE POT
Gesamtkalorien: 539 kcal / 80,9 g KH / 14,9 g P / 17,7 g F
vegetarisch/glutenfrei

1 Schalotte oder ½ Zwiebel
1 TL Butter
350 g Gemüsebrühe
Salz und Pfeffer
90 g Risottoreis (Garzeit. ca. 20–25 Min.)*
200 g Zucchini
1 EL geriebener Parmesan oder Käse nach Wahl

1. Schalotte abziehen, halbieren und 5 Sek./Stufe 5 hacken.
2. Butter in den Mixtopf geben und Zwiebelstücke 3 Min./Varoma/Sanftrührstufe andünsten.
3. Brühe und eine Prise Salz einfüllen, Risottoreis einwiegen und 10 Min./100 °C/Linkslauf/Sanftrührstufe kochen.
4. Zucchini waschen, abtrocknen, halbieren und die Hälften wiederum in Scheiben schneiden. Zucchinischeiben in den Mixtopf hinzufügen und 12 Min./100 °C/Linkslauf/Sanftrührstufe fertig kochen.
5. Parmesan in der letzten Kochminute durch die Mixtopföffnung einrieseln lassen.
6. Noch ca. 3 Min. im Mixtopf nachquellen lassen, dann mit Salz und Pfeffer abschmecken und servieren.

Tipps und Variationen:

Parmesan lässt sich durch andere Käsesorten ersetzen. Von Käse am Stück kann man auch einfach ca. 15 g in den Mixtopf geben, 5 Sek./Stufe 8 zerkleinern und umfüllen, bevor man mit dem Kochen beginnt.

* Garzeit und Saugfähigkeit von Reis können produktabhängig variieren (bei Bedarf etwas mehr Brühe nachgießen). Durch die Verwendung einer geringeren Flüssigkeitsmenge im Mixtopf als beim Kochen von Reis normalerweise nötig ist, kann sich die Garzeit verlängern.

Gemüse-Schinken-Reis

ONE POT

Gesamtkalorien: 684 kcal / 108,3 g KH / 29,3 g P / 12,9 g F

glutenfrei

80 g Karotten
1 Schalotte oder ½ Zwiebel
1 TL Butter
60 g tiefgefrorene Erbsen
60 g Schinkenwürfel
350 g Brühe, z. B. Fleischbrühe
1 EL Tomatenmark
125 g Reis (Garzeit ca. 10 Min.)*
Salz und Pfeffer

1. Karotten waschen, schälen und in kleine Stifte schneiden. (Alternativ kann man sie zum Zerkleinern mit der Schalotte in den Mixtopf geben.)
2. Schalotte abziehen, halbieren, in den Mixtopf geben und 5 Sek./Stufe 5 zerkleinern.
3. Butter zu den Schalottenstücken in den Mixtopf geben, Karottenstifte, Erbsen und Schinkenwürfel hinzufügen und 3 Min./Varoma/Linkslauf/Sanftrührstufe andünsten.
4. Brühe, Tomatenmark und Reis hinzugeben und 12 Min./100 °C/Linkslauf/Sanftrührstufe fertig garen.
5. Noch ca. 3 Min. im Mixtopf nachquellen lassen, dann mit Salz und Pfeffer abschmecken und servieren.

Tipps und Variationen:

Karotten und Erbsen kann man ganz einfach durch andere Gemüsekombis wie Paprika und Mais oder Zucchini und Tomate ersetzen.

* Garzeit und Saugfähigkeit von Reis können produktabhängig variieren (bei Bedarf etwas mehr Brühe nachgießen). Durch die Verwendung einer geringeren Flüssigkeitsmenge im Mixtopf als beim Kochen von Reis normalerweise nötig ist, kann sich die Garzeit verlängern.

Bunter Couscous-Topf

ALL IN ONE

Gesamtkalorien: 747 kcal / 86 g KH / 63,9 g P / 13,2 g F

200 g Hähnchenfilet
100 g Zucchini
75 g Aubergine
½ rote und ½ gelbe Paprikaschote
1 Schalotte oder ½ Zwiebel
1 TL Butter
400 g Brühe, z. B. Geflügelbrühe
100 g Couscous
Salz und (bunter) Pfeffer

1. Hähnchenfilet abwaschen, trockentupfen, in Würfel schneiden und im Varoma verteilen.
2. Zucchini und Aubergine waschen, abtrocknen und erst in Scheiben schneiden, dann würfeln.
3. Paprika waschen, entkernen und in Würfel schneiden.
4. Hähnchenstücke, Zucchini, Aubergine und Paprika in Varoma und Varoma-Einlegeboden verteilen.
5. Schalotte abziehen, halbieren, im Mixtopf 5 Sek./Stufe 5 zerkleinern.
6. Butter hinzufügen und 3 Min./Varoma/Stufe 1 andünsten.
7. Brühe in den Mixtopf einwiegen, Mixtopfdeckel verschließen, Varoma mit Inhalt aufsetzen, 15 Min./Varoma/Stufe 2 garen.
8. Varoma abnehmen, Couscous und Hähnchen mit Gemüse aus dem Varoma zur restlichen Brühe in den Mixtopf geben. Dann 5 Min./100 °C/Linkslauf/Stufe 0,5 fertig garen.
9. Mit Salz und Pfeffer abschmecken, im Mixtopf noch 5 Min. quellen lassen und servieren.

Tipps und Variationen:

Lässt sich beliebig mit anderen Gemüsesorten variieren, zum Beispiel Tomate, Brokkoli oder Paprika.

Gemüsereis mit Hähnchen

ALL IN ONE

Gesamtkalorien: 691 kcal / 104 g KH / 36,8 g P / 12,7 g F

glutenfrei

100 g Hähnchenfilet
50 g rote Paprikaschote
100 g Zucchini
120 g Reis (Garzeit ca. 10 Min.)*
1000 g Brühe, z. B. Gemüsebrühe
2 EL Tomatenmark
1 Schalotte oder ½ Zwiebel
1 TL Butter
Salz und Pfeffer

1. Hähnchenfilet abwaschen, trockentupfen, in Würfel schneiden und im Varoma verteilen.
2. Paprika waschen und entkernen, Zucchini waschen und abtrocknen, dann alles in kleine Gemüsestifte oder -würfel schneiden und auf dem Varoma-Einlegeboden verteilen.
3. Reis in den Gareinsatz einwiegen und mit Wasser durchspülen, abtropfen lassen.
4. Gemüsebrühe und 1 EL Tomatenmark in den Mixtopf geben, mit Mixtopfdeckel verschließen, Varoma aufsetzen, 10 Min./Varoma/Stufe 2 vorgaren.
5. Varoma absetzen und Gareinsatz mit Reis in den Mixtopf einsetzen. Mixtopfdeckel schließen, Varoma wieder aufsetzen, 12 Min./Varoma/Stufe 2 fertig garen.
6. Gemüsebrühe aus dem Mixtopf gießen und auffangen.
7. Schalotte abziehen, halbieren, im Mixtopf 5 Sek./Stufe 5 zerkleinern.
8. Butter und 1 EL Tomatenmark zu der Schalotte geben, Hähnchen- und Gemüsestücke hinzufügen und 3 Min./Varoma/Linkslauf/Sanftrührstufe andünsten.
9. Reis und 80 g Garwasser in den Mixtopf hinzufügen und alles 1 Min./100 °C/Linkslauf/Sanftrührstufe vermischen.
10. Noch ca. 3 Min. im Mixtopf nachquellen lassen. Mit Salz und Pfeffer abschmecken und servieren.

Tipps und Variationen:

Mit frisch gehackten Kräutern servieren.
Die Gemüsekombi aus Paprika und Zucchini kann man durch eine andere ersetzen: Paprika passt auch zu Mais oder Tomate, Karotte zu Erbsen.

* Garzeit und Saugfähigkeit von Reis können produktabhängig variieren.

Curry-Hähnchen-Reis

ALL IN ONE

Gesamtkalorien: 705 kcal / 103,1 g KH / 32,6 g P / 16,6 g F

glutenfrei

90 g Hähnchenfilet
50 g Paprikaschote
100 g Karotten
125 g Reis (Garzeit ca. 10 Min.)*
1000 g Gemüsebrühe
1 EL + 1 TL Currypulver
1 TL Butter
Salz und Pfeffer

1. Hähnchenfilet abwaschen, trockentupfen, in Würfel schneiden und im Varoma verteilen.
2. Paprika waschen und entkernen, Karotten waschen und schälen, dann alles in kleine Gemüsestifte oder -würfel schneiden und auf dem Varoma-Einlegeboden verteilen.
3. Reis in den Gareinsatz einwiegen und mit Wasser durchspülen, abtropfen lassen.
4. Gemüsebrühe und 1 EL Curry in den Mixtopf geben, mit Mixtopfdeckel verschließen, Varoma aufsetzen, 10 Min./Varoma/Stufe 2 vorgaren.
5. Varoma absetzen und Gareinsatz mit Reis in den Mixtopf einsetzen. Mixtopfdeckel schließen, Varoma wieder aufsetzen, 12 Min./Varoma/Stufe 2 fertig garen.
6. Gemüsebrühe aus dem Mixtopf gießen und auffangen.
7. Butter in den Mixtopf geben, Hähnchen- und Gemüsestücke hinzufügen und 3 Min./Varoma/Linkslauf/Sanftrührstufe andünsten.
8. Reis, 1 TL Curry und 50 g Garwasser in den Mixtopf hinzufügen und alles 1 Min./100 °C/Linkslauf/Sanftrührstufe vermischen.
9. Noch ca. 3 Min. im Mixtopf nachquellen lassen. Dann mit Salz und Pfeffer abschmecken und servieren.

Tipps und Variationen:

Die Kombi Paprika und Karotte kann man durch andere Mischungen wie Paprika und Mais, Karotte und Erbsen oder Zucchini und Tomate ersetzen.

* Garzeit und Saugfähigkeit von Reis können produktabhängig variieren.

Quinoa-Süßkartoffel-Curry

ONE POT

Gesamtkalorien: 889 kcal / 144,3 g KH / 39,3 g P / 11,8 g F

vegan/glutenfrei

100 g Quinoa
200 g Süßkartoffeln
100 g Karotten
1 Schalotte oder ½ Zwiebel
1 Knoblauchzehe
Ca. ½ cm Ingwer (optional)
1 EL Olivenöl
1000 g Gemüsebrühe
½ TL Kreuzkümmel
½ TL Kurkuma
½ TL Koriander
½ TL Paprikapulver
Salz und Pfeffer
1 kleine Dose Kidneybohnen (ca. 250 g)

1. Quinoa in den Gareinsatz geben, durchspülen und abtropfen lassen.
2. Süßkartoffeln und Karotten waschen, schälen und in ca. 1 cm große Stücke schneiden.
3. Schalotte und Knoblauch abziehen und halbieren, Ingwer schälen, alles in den Mixtopf geben und 5 Sek./Stufe 5 hacken.
4. Öl hinzufügen und 3 Min./Varoma/Stufe 1 andünsten.
5. Brühe und Gewürze in den Mixtopf hinzufügen, Gareinsatz mit Quinoa einsetzen, Süßkartoffel- und Karottenwürfel mit Kidneybohnen in den Gareinsatz hinzugeben und alles 20 Min./100 °C/Stufe 3 köcheln lassen.
6. Gareinsatz herausnehmen, Gemüsebrühe aus dem Mixtopf gießen und 150 g davon auffangen.
7. 150 g der Garflüssigkeit mit dem Inhalt des Gareinsatzes in den Mixtopf umfüllen und 5 Min. quellen lassen.
8. Mit Gewürzen abschmecken und servieren.

Tipps und Variationen:

Das Quinoa-Curry schmeckt auch ohne Ingwer. Auch die Süßkartoffeln können weggelassen und stattdessen mehr Karotten verwendet werden.
Mit frisch gehackten Kräutern wie Koriander oder Petersilie bestreuen.

Herzhaftes Buchweizen-Porridge

ALL IN ONE

Gesamtkalorien: 589 kcal / 77,7 g KH / 57,2 g P / 3,7 g F

glutenfrei

200 g Hähnchenfilet
100 g Buchweizen
400 g Brühe, z. B. Geflügelbrühe
2 EL Tomatenmark
1 Schalotte oder ½ Zwiebel
100 g Karotten
1 EL Olivenöl
Salz und Pfeffer
1 EL frisch gehackte Schnittlauchröllchen (optional)

1. Hähnchenfilet abwaschen, trockentupfen, in Würfel schneiden und im Varoma verteilen.
2. Buchweizen in den Gareinsatz einwiegen und mit Wasser durchspülen, abtropfen lassen.
3. Brühe und 1 EL Tomatenmark in den Mixtopf geben, Gareinsatz mit Buchweizen einsetzen, Mixtopfdeckel verschließen. Varoma mit Hähnchenstücken aufsetzen, 12 Min./Varoma/Stufe 2 vorgaren.
4. Gemüsebrühe aus dem Mixtopf gießen und auffangen.
5. Schalotte abziehen und halbieren, Karotten waschen und in groben Stücken in den Mixtopf geben, dann beides 5 Sek./Stufe 5 hacken.
6. Olivenöl und 1 EL Tomatenmark zu Karotten und Zwiebel geben, Hähnchenfleisch aus dem Varoma hinzufügen und 5 Min./Varoma/Linkslauf/Sanftrührstufe dünsten.
7. Buchweizen und 150 g Garwasser in den Mixtopf hinzufügen und alles 5 Min./100 °C/Linkslauf/Sanftrührstufe fertig kochen.
8. Im Mixtopf noch mindestens 5 Min. quellen lassen. Danach mit Salz und Pfeffer würzen und mit Schnittlauchröllchen bestreut servieren.

Tipps und Variationen:

Anstatt Karotten schmecken auch kleine Paprikastücke oder Zwiebelwürfel. Buchweizen lässt sich durch Quinoa oder Reis (Garzeit 20 Minuten) ersetzen.

Bulgur mit Hähnchen, Champignons und Tomaten

ALL IN ONE

Gesamtkalorien: 586 kcal / 73,1 g KH / 61 g P / 3,3 g F

100 g Bulgur (Quelldauer ca. 15 Min.)
200 g Hähnchenfilet
100 g weiße Champignons
200 g Cherrytomaten
400 g Brühe, z. B. Geflügelbrühe
1 EL Tomatenmark
Salz und (bunter) Pfeffer

1. Bulgur in den Gareinsatz einwiegen und mit Wasser durchspülen, abtropfen lassen.
2. Hähnchenfilet abwaschen, trockentupfen, in Würfel schneiden und im Varoma verteilen. Champignons putzen und vierteln und hinzufügen.
3. Cherrytomaten waschen und in Stücke schneiden oder in den Mixtopf geben und 5 Sek./Stufe 5 hacken. Danach zu Hähnchen und Champignons in Varoma und Varoma-Einlegeboden verteilen.
4. Brühe und Tomatenmark in den Mixtopf geben, Mixtopfdeckel verschließen, Varoma mit Inhalt aufsetzen, 12 Min./Varoma/Stufe 2 garen.
5. Varoma auf die Seite stellen, Bulgur vom Gareinsatz in den Mixtopf füllen, 5 Min./100 °C/Linkslauf/Stufe 0,5 garen.
6. Hähnchen, Champignons und Tomaten aus dem Varoma in den Mixtopf hinzufügen und 5 Min./90 °C/Linkslauf/Stufe 0,5 fertig kochen.
7. Mit Salz und Pfeffer abschmecken, auf Teller oder in eine Schüssel füllen und noch 5 Min. quellen lassen.

Tipps und Variationen:

Das Gericht lässt sich beliebig mit anderen Gemüsesorten variieren: Tomaten und Kidneybohnen, Paprika und Mais oder Zucchini und Tomate.

Bulgur kann man durch Couscous ersetzen; die Quellzeit reduziert sich dann von 15 auf 5 Minuten.

ONE POT UND ALL IN ONE MIT WURST

Currywursttopf

ALL IN ONE

Gesamtkalorien: 750 kcal / 32,2 g KH / 39,9 g P / 53,7 g F

glutenfrei

- 2 Bockwürste
- 500 g passierte Tomaten
- 1 EL Tomatenmark
- 3 EL dunkler Essig, z. B. Aceto balsamico
- 2 EL Currypulver + etwas mehr zum Bestreuen
- 1/2 TL Brühepulver, z. B. für Fleischbrühe
- 1 TL Paprikapulver edelsüß
- 1 EL Süßungsmittel nach Belieben, z. B. brauner Zucker oder Honig
- Salz und Pfeffer

1. Bockwürste in Scheiben schneiden und im Varoma verteilen.
2. Restliche Zutaten in den Mixtopf geben und 10 Sek./Stufe 7 pürieren, dann 8 Min./90 °C/Stufe 1 köcheln lassen.
3. Varoma mit Wurstscheiben aufsetzen, 5 Min./Varoma/Stufe 2 fertig garen.
4. Wurstscheiben in den Mixtopf füllen und 15 Sek./Linkslauf/Sanftrührstufe vermengen.
5. Vor dem Servieren nach Belieben mit Currypulver bestreuen.

Tipps und Variationen:

Mit frisch gehackten Kräutern bestreuen.

Steckrübeneintopf mit Wienerle

ONE POT
Gesamtkalorien: 571 kcal / 19 g KH / 23,7 g P / 44,6 g F
glutenfrei

1 Schalotte oder ½ Zwiebel
1 Knoblauchzehe
1 TL Butterschmalz oder Öl
250 g Steckrüben
500 g Gemüsebrühe
Salz und Pfeffer
Paprikapulver edelsüß
2 Wiener Würstchen
2 TL saure Sahne oder Crème fraîche (optional)

1. Schalotte und Knoblauch abziehen, Schalotte halbieren, in den Mixtopf geben und 3 Sek./Stufe 5 zerkleinern.
2. Butterschmalz hinzufügen und 2 Min./Varoma/Stufe 1 andünsten.
3. Währenddessen Steckrüben waschen, schälen und in Würfel schneiden.
4. Steckrübenwürfel in den Mixtopf geben und 3 Min./Varoma/Linkslauf/Sanftrührstufe mitdünsten.
5. Gemüsebrühe einfüllen und 20 Min./100 °C/Stufe 2 köcheln lassen.
6. Mit Salz, Pfeffer und Paprikapulver würzen und 15 Sek./Stufe 2–8 aufsteigend pürieren.
7. Würstchen in Scheiben schneiden und in den Mixtopf hinzufügen. 3 Min./90 °C/Linkslauf/Stufe 0,5 einrühren und erwärmen.
8. Zum Schluss mit Sahne verfeinern. (Kann man auch zusammen mit den Wurststücken hinzufügen und einrühren, siehe Schritt 7.)

Tipps und Variationen:

Kartoffeln oder Kohlrabi anstatt Steckrüben verwenden.

Sonnensuppe mit Würstchen

ONE POT

Gesamtkalorien: 698 kcal / 55,1 g KH / 23,6 g P / 41 g F

1 kleine Zwiebel
2 Karotten (ca. 200 g)
1 Kartoffel (ca. 100 g)
1 TL Butter
500 g Brühe, z. B. Fleisch- oder Gemüsebrühe
1-2 Debrecziner oder Wiener Würstchen
40 g Nudeln, z. B. schmale Bandnudeln (Garzeit ca. 6 Min.)

1. Zwiebel abziehen, halbieren und in den Mixtopf geben.
2. Karotten und Kartoffel waschen, schälen und in groben Stücken in den Mixtopf hinzufügen. Alles 5 Sek./Stufe 6 zerkleinern.
3. Butter in den Mixtopf hinzugeben und 3 Min./Varoma/Stufe 1 dünsten.
4. Brühe einfüllen und 15 Min./100 °C/Stufe 2 köcheln lassen, dann 10–30 Sek./Stufe 2–8 (je nach gewünschter Konsistenz der Suppe) aufsteigend pürieren.
5. Würstchen in Scheiben schneiden und zusammen mit den Nudeln in den Mixtopf geben, 5 Min./100 °C/Linkslauf/Stufe 1 fertig kochen.

Tipps und Variationen:

Die Sonnensuppe lässt sich auch ohne Karotten zubereiten, wenn insgesamt 300 g Kartoffeln verwendet werden.

Bild- und Rezeptnachweis

S. 22: Vanillepudding-Couscous mit Himbeeren (Rezept + Foto): Vanessa Faschingbauer, @vanessas.gymfood
S. 24: Süßes Buchweizen-Porridge mit Banane (Rezept): Vanessa Faschingbauer, @vanessas.gymfood
S. 34-35: Penne mit fruchtig-cremiger Sauce (Rezept + Foto): Miriam Matin
S. 36-37: Vollkornpasta in Gemüse-Kokossauce (Rezept + Foto): Miriam Matin
S. 38-39: Cherrytomaten-Bandnudel-Pot (Rezept): Vanessa Faschingbauer, @vanessas.gymfood
S. 40-41: Bunte Orzo-Pasta (Rezept): Vanessa Faschingbauer, @vanessas.gymfood
S. 42-43: Hähnchen-Paprika-Orzo-Pasta (Rezept): Vanessa Faschingbauer, @vanessas.gymfood
S. 44-45: Bohnen-Käse-Makkaroni (Rezept + Foto): Vanessa Faschingbauer, @vanessas.gymfood
S. 50: Gnocchi mit Spinatsauce (Rezept): Vanessa Faschingbauer, @vanessas.gymfood
S. 58: Wirsing-Eintopf mit Kartoffeln (Rezept): Diana Ruchser, schwarzgrueneszebra.de
S. 60-61: Süßkartoffel-Linsen-Topf (Rezept + Foto): Vanessa Faschingbauer, @vanessas.gymfood
S. 62-63: Quinoa-Süßkartoffel-Mix (Rezept + Foto): Vanessa Faschingbauer, @vanessas.gymfood
S. 64: Kürbis-Hackfleisch-Topf (Rezept): Diana Ruchser, schwarzgrueneszebra.de
S. 66-67: Wikingereintopf mit Erbsen und Karotten (Rezept + Foto): Diana Ruchser, schwarzgrueneszebra.de
S. 68: Puten-Champignon-Gulasch (Rezept + Foto): Diana Ruchser, schwarzgrueneszebra.de
S. 81: Bunter Couscous-Topf (Rezept): Vanessa Faschingbauer, @vanessas.gymfood
S. 86-87: Quinoa-Süßkartoffel-Curry (Rezept + Foto): Miriam Matin
S. 88-89: Herzhaftes Buchweizen-Porridge (Rezept): Vanessa Faschingbauer, @vanessas.gymfood
S. 90: Bulgur mit Hähnchen, Champignons und Tomaten (Rezept): Vanessa Faschingbauer, @vanessas.gymfood
S. 92-93: Steckrüben-Eintopf mit Wienerle (Rezept + Foto): Diana Ruchser, schwarzgrueneszebra.de

S. 5: Monkey Business Images/shutterstock.com; S. 7: Yuganov Konstantin/shutterstock.com; S. 9: ebrom/shutterstock.com; S. 10: AGfoto/shutterstock.com; S. 11: dimitris_k/shutterstock.com;
S. 12 : PhotoMarket/shutterstock.com; S. 13 links: gpointstudio/ shutterstock.com;
S. 13 rechts: AnjelikaGr/ shutterstock.com; S. 14: 13Smile/shutterstock.com;
S. 14 oben: Tatiana Bralnina/shutterstock.com; S. 14 unten: bitt24/shutterstock.com;
S. 16 oben rechts: MediaGroup_BestForYou/shutterstock.com; S. 16 unten rechts: Syda Productions/shutterstock.com; S. 16 links: ff-photo/shutterstock.com; S. 17 oben: Africa Studio/shutterstock.com; S. 17 Mitte: DUSAN ZIDAR/shutterstock.com; S. 18 links: Orawan Pattarawimonchai/shutterstock.com; S. 18 rechts: wavebreakmedia/shutterstock.com;
S. 19: Oksana Kuzmina/shutterstock.com; S. 21: A_Lein/shutterstock.com; S. 23: YuliiaHolovchenko/shutterstock.com; S. 24: YuliiaHolovchenko/shutterstock.com; S. 25: Viktor1/shutterstock.com; S. 26: Jana Pavlovcova/shutterstock.com; S. 27: Timolina/shutterstock.com; S. 28: p.studio66/shutterstock.com; S. 30: Natalia Evstigneeva/shutterstock.com; S. 31: msheldrake/shutterstock.com;
S. 32: Kiian Oksana/shutterstock.com
S. 33: siamionau pavel/shutterstock.com; S. 39: Brittx/shutterstock.com; S. 41: Kiian Oksana/shutterstock.com;
S. 42: Brent Hofacker/shutterstock.com; S. 46: DronG/shutterstock.com; S. 47: gkrphoto/shutterstock.com;
S. 9: AS Food studio/shutterstock.com; S. 50: Stepanek Photography/shutterstock.com; S. 51: AnastasiaKopa/shutterstock.com; S. 52: siamionau pavel/shutterstock.com; S. 53: sta/shutterstock.com; S. 55: elizaveta66/shutterstock.com; S. 56: Nataliya Arzamasova/shutterstock.com;
S. 58: Ildi Papp/shutterstock.com (aktuell ist noch das Bild von Diana drin, bitte durch das Stockphoto ersetzen, weil es bei der Thermi-Zubereitung doch anders aussieht, auch im Umbruch angemerkt);
S. 59: YuliiaHolovchenko/shutterstock.com; S. 64: Ildi Papp/shutterstock.com; S. 65: Osztya/shutterstock.com; S. 69: Bartosz Luczak/shutterstock.com; S. 70: Brent Hofacker/shutterstock.com; S. 71: anandaBGD/istockphoto.com;
S. 72 (bzw. S. 73, falls das Frittata-Bild dann auf S. 73 damit ersetzt wird): Emad Omar Farouk/shutterstock.com;
S. 74: Shebeko/shutterstock.com; S. 75: lorenzo_graph/shutterstock.com; S. 77: kuvona/shutterstock.com;
S. 78: tommaso lizzul/shutterstock.com; S. 80: MSPhotographic/shutterstock.com; S. 81: Iaroshenko Maryna/shutterstock.com; S. 83: AS Food studio/shutterstock.com; S. 84: from my point of view/shutterstock.com; S. 88: Helena Zolotuhina/shutterstock.com; S. 90: Timolina/shutterstock.com; S. 91: KarepaStock/shutterstock.com;
S. 94: siamionau pavel/shutterstock.com;

Danksagung

Diana vom Blog **www.schwarzgrueneszebra.de** teilt auf ihrer Seite jede Woche leckere Low-Carb-Rezepte. Nicht nur schnelle Gerichte für jeden Tag, sondern auch Außergewöhnliches für die besonderen Momente oder den süßen Zahn. Ihr Motto lautet: Geht nicht, gibt's nicht!
Ihnen fehlt die Motivation, sich in die Küche zu stellen und etwas Gesundes zu kochen? Dass dem nicht so sein muss, beweist **Vanessa F**. Wie man schnelle und vor allem eiweißreiche Gerichte und Süßspeisen zubereitet, zeigt sie auf ihrem Instagram-Account **@vanessas.gymfood**.

Über die Autorin

Veronika Pichl, Jahrgang 1980, ist erfolgreiche Buchautorin zu den Themen Abnehmen, Ernährung, Bewegung und Glücklichsein. Sie entwickelt Ratgeber für den riva Verlag und den von ihr selbst gegründeten Happy Fit Food Verlag (www.happyfitfood.de). Im riva Verlag sind bereits zahlreiche Kochbücher von ihr erschienen. Sie lebt mit ihrem Mann und ihren beiden Kindern im Nürnberger Land.
Auf der Website zum Buch *www.one-pot-fuer-kinder.de* können Sie das kostenlose E-Book »*Das lustige Obst- und Gemüse-Bastelbuch*« anfordern. Mit witzigen Tierchen aus Obst und Gemüse schmeckt es den Kindern oft gleich viel besser.